DE HANDLEIDING VAN HUISGEMAAKTE PASTA VOOR BEGINNERS

100 RECEPTEN, TECHNIEKEN EN PRAKTISCHE TIPS OM HET DEEG ONDER DE KNIE TE KRIJGEN EN PASTA TE MAKEN

Hailey van Beek

Alle rechten voorbehouden.

Vrijwaring

De informatie in dit eBook is bedoeld als een uitgebreide verzameling strategieën waar de auteur van dit eBook onderzoek naar heeft gedaan. Samenvattingen, strategieën, tips en trucs zijn slechts aanbevelingen van de auteur, en het lezen van dit eBook kan niet garanderen dat iemands resultaten exact dezelfde zijn als de resultaten van de auteur. De auteur van het eBook heeft alle redelijke inspanningen geleverd om de lezers van het eBook actuele en nauwkeurige informatie te verstrekken. De auteur en zijn medewerkers kunnen niet aansprakelijk worden gesteld voor eventuele onopzettelijke fouten of weglatingen die worden gevonden. Het materiaal in het eBook kan informatie van derden bevatten. Materialen van derden bestaan uit meningen van hun eigenaars. Als zodanig aanvaardt de auteur van het eBook geen verantwoordelijkheid of aansprakelijkheid voor materiaal of meningen van derden.

Op het eBook rust copyright © 2021 met alle rechten voorbehouden. Het is illegaal om dit eBook geheel of gedeeltelijk te herdistribueren, kopiëren of afgeleide werken te maken. Geen enkel deel van dit rapport mag worden gereproduceerd of opnieuw verzonden in welke vorm dan ook, gereproduceerd of opnieuw verzonden in welke vorm dan ook zonder de schriftelijke uitdrukkelijke en ondertekende toestemming van de auteur.

INHOUDSOPGAVE

INHOUDSOPGAVE 3
INVOERING 8
DEEG RECEPTEN 10
   1. Eierdeeg 11
   2. Raviolideeg 14
   3. Griesmeeldeeg 17
   4. Geëxtrudeerd deeg 20

PASTA MET DE HAND 22
   5. Fusilli met geroosterde bloemkool 23
   6. Volkoren cavatelli met champignons 27
   7. Frascatelli met zoete maïs carbonara 31
   8. Ricotta cavatelli met mosselen 36
   9. Pici met pecorino en guanciale 41
   10. Capunti met krokante calamares & burrata
      44
   11. Malloreddus met gestoofd wild 48
   12. Cecamariti, pancetta & brussel 53
   13. Trofie van zwarte peper met kokkels 57
   14. Lorighittas met erfstuktomaten 61
   15. Orecchiette en gehaktballen 65
   16. Maccheroni di busa met brasciole 70
   17. Gnocchetti met garnalen & pesto 75
   18. Ciciones met linzenstoofpot 80
   19. Casarecce met artisjokken & scamorza 82

20. Mezzi paccheri met erwten 86
21. Strozzapreti met krab 90

GNOCCHI EN GNUDI 94

22. Eigeel gnudi met truffels 95
23. Pompoengnocchi met pancetta 98
24. Zoete aardappel gnocchi met prosciutto
.... 103
25. Helling gnudi en grana padano 108
26. Bietengnocchi met schapenricotta 112
27. Saffraangnocchi met gepocheerde kreeft
.... 117
28. Geroosterde aardappelgnocchi met robiola
.... 123
29. Kikkererwtengnudi met tomaten 129
30. Gnocchi verdi met provolone fonduta ... 133
31. Citroengnocchi met sint-jakobsschelpen
.... 137

GEVULDE PASTA 142

32. Polenta-raviolo met guanciale 143
33. Aubergine mezzaluna & gekonfijte tomaat
.... 148
34. Pompoen & peer cappellacci 154
35. Kalfsagnolotti met pecorino 159
36. Prosciutto caramelle met fonduta 164
37. Anolini in brodo 168
38. Zoete raviolini met mascarpone 174
39. Short rib & knolselderij ravioli 179
40. Taleggio triangoli & varkensragout 185

- 41. Sunchoke cappelletti met appels 191
- 42. Faggotini met garnalen & courgette 195
- 43. Artisjok casonsei & ricotta 199
- 44. Tortelli van varken & pastinaak met appels 204
- 45. Scarpinocc met biet en roos 209
- 46. Culurgiones met boter en amandelen 214
- 47. Pompoenravioli met erwten 218

PASTA SNIJDEN 222

- 48. Fettuccine met scheermessen 223
- 49. Farfalle met geroosterde tomaten 228
- 50. Tagliatelle primavera 232
- 51. Spaghetti alla chitarra & gepocheerd ei 236
- 52. Pappardelle & champignon bolognese 242
- 53. Cacao mafaldine met kwartel 247
- 54. Kruidenfettuccine met mosselen 252
- 55. Pizzoccheri met grana padana 256
- 56. Tagliarini met cerignola-olijven 261
- 57. Spaghetti cacio e pepe 265
- 58. Kastanjestracci met varkensribbetjes .268
- 59. Kruidengarganelli met artisjokken 273
- 60. Cappellacci & aubergine caponata 279
- 61. Inkt farfalle met octopus 283
- 62. Muntcorzetti met lamsworst 288
- 63. Kruidenfazzoletti met tonijn 293
- 64. Sorprese met geroosterde pompoen 297

GEBAKKEN PASTA 301

- 65. Ratatouille lasagne 302

66. Aubergine cannelloni 306
67. Spinazie & taleggio rotolo 312
68. Escarole en worst cannelloni 317
69. Timballo 322

Pasta Sauzen 325

70. Citroenpastasaus 326
71. Zwarte pasta in gorgonzolasaus 329
72. Hartige Courgette Pastasaus 332
73. Ansjovis-olijf pastasaus 335
74. Zwarte Olijven Pastasaus 338
74. Kip & Pasta Mangosaus 340
75. Broccoli pastasaus 343
76. Basis pastasaus 346
77. Gemakkelijke zelfgemaakte pastasaus ...349
78. Citrusachtige pastasaus 352
79. Pizza- en pastasaus 355
80. Authentieke varkenspastasaus 357
81. 30 minuten pastasaus 360
82. Wortelpastasaus 363
83. Artisjok Spinazie Pastasaus 366
84. Squash Pastasaus 368
85. Champignonpastasaus 371
i)   Pasta Primaverasaus 375
86. Klassieke Alfredo-saus 378
87. Kip- en pastasaus 381
88. Kokos, Pompoen Pastasaus 384
89. Olijfolie & Rode Pepersaus 386
90. Huisgemaakte pastasaus 388
91. Rundvlees Lo Mein 392

92. Eenpanspasta Puttanesca...........................395
93. Kip Pastasaus 398
94. Verse vijgen- en prosciuttosaus............. 401
95. Pastasaus met feta en spek........................404
96. Pasta geheugenverlies................................407
97. Pastasaus met pancetta............................. 410
98. Groene Tomaten Pastasaus 413
99. Avocadosaus voor pasta 416
100. Calcutta pastasaus................................... 419

CONCLUSIE..................................... 422

INVOERING

Vers, huisgemaakt pastadeeg maken hoeft niet vervelend te zijn! Het enige dat je nodig hebt, is wat bloem, eieren en een klein beetje armkracht terwijl je het allemaal samen kneedt - geen keukenmachine of luxe keukenrobot vereist. En als je pasta eenmaal klaar is, hoef je alleen maar 2-3 minuten te koken voordat je je saus kunt toevoegen, je kaas kunt strooien en die wijn kunt openen.

Ongeacht het recept is het proces om pastadeeg te maken hetzelfde: langzaam de vloeistof in je bloem roeren om te hydrateren terwijl je mixt. Schik je bloem in de vorm van een vulkaan - dat wil zeggen een heuvel met een krater in het midden - op een plat werkoppervlak of in een brede, ondiepe kom. Voeg de vloeibare ingrediënten toe aan de krater en breek de dooiers van de eieren (indien gebruikt) met de tanden van een vork. Klop de vloeistof langzaam door de bloem, werk vanuit het midden naar buiten. Als het deeg dan te stijf is om met een vork te mengen, gebruik dan je handen om alles bij elkaar te brengen.

Elektrische pastamakers halen de spierbehoefte uit je zelfgemaakte deeg; nadat je de ingrediënten in de kamer hebt gedaan, doet de machine al het kneden voor je, wat misschien een waardevolle kortere weg lijkt voor degenen die geen onderarmkracht hebben. Maar volgens de meeste koks is het maken van pastadeeg zonder apparatuur gemakkelijker dan je zou denken en meer onfeilbaar, met consistente, beter geïntegreerde resultaten.

Technisch gezien betekent het met de hand samenbrengen van je deeg voor het kneden dat je elke keer een goed uitgebalanceerd mengsel krijgt. Dit helpt rekening te houden met variabelen in uw deeg die het misschien losser of droger maken, zelfs als u hetzelfde recept volgt, zoals het merk AP-meel dat u gebruikt of de grootte van uw eieren.

DEEG RECEPTEN

1. Eier deeg

OPBRENGST 1 LB 7 OZ (650 G)

Ingrediënten

- 2 kopjes (254 g) 00 bloem
- 1 theelepel (5 g) koosjer zout
- 20 eidooiers
- 2 theelepels (10 ml) extra vergine olijfolie

Routebeschrijving

a) Om het eierdeeg te maken, mengt u de 00-bloem en het zout op een droog werkoppervlak. Vorm een heuvel met een diameter van ongeveer 25 cm.

b) Maak met je handen een kuiltje in het midden van het bloem-en-zoutmengsel. Giet langzaam de eidooiers en olie in het midden en klop zachtjes. Werk de bloem er geleidelijk door met je vingers of een vork.

c) Combineer de bloem, eidooiers en olie tot ze volledig zijn opgenomen. Als het deeg aan je werkblad blijft plakken, voeg dan een beetje bloem toe. Als het deeg droog aanvoelt, spuit dan een beetje water om het samen te binden.

d) Zodra het deeg tot een bal is gevormd, begint u het te kneden door met de muis van uw hand naar beneden te duwen en het te draaien. Kneed het deeg ongeveer 10 tot 15 minuten. Het deeg is voldoende gekneed als het er glad uitziet en veert terug als je erop drukt.

e) Wikkel het deeg stevig in plasticfolie en laat het voor gebruik minimaal 30 minuten op kamertemperatuur rusten. Als je het deeg niet meteen gebruikt, bewaar het dan in de koelkast.

2. Ravioli deeg

OPBRENGST 2 LB (908 G)

Ingrediënten

- 4 kopjes (508 g) 00 bloem
- 1 theelepel (5 g) koosjer zout
- 5 eieren
- 6 eierdooiers

Routebeschrijving

a) Om het Ravioli-deeg te maken, mengt u de 00-bloem en het zout op een droog werkoppervlak. Vorm een heuvel met een diameter van ongeveer 25 cm.

b) Maak met je handen een kuiltje in het midden van het bloem-en-zoutmengsel. Giet langzaam de eieren en eidooiers in het midden en klop zachtjes. Werk de bloem er geleidelijk door met je vingers of een vork.

c) Combineer de bloem en eieren tot alles volledig is opgenomen. Als het deeg aan je werkblad blijft plakken, voeg dan een beetje bloem toe. Als het deeg droog aanvoelt, spuit dan een beetje water om het samen te binden.

d) Zodra het deeg tot een bal is gevormd, begint u het te kneden door met de muis van uw hand naar beneden te duwen en het te draaien. Kneed het deeg ongeveer 10 tot 15 minuten. Het deeg is voldoende gekneed als het er glad uitziet en veert terug als je erop drukt.

e) Wikkel het deeg stevig in plasticfolie en laat het voor gebruik minimaal 30 minuten op kamertemperatuur rusten. Als je het deeg niet meteen gebruikt, bewaar het dan in de koelkast.

3. Griesmeeldeeg

OPBRENGST 1 LB (454 G)

Ingrediënten

- 1 kop (168 g) griesmeel
- 1 kop (127 g) 00 bloem
- 1 eetlepel (10 g) koosjer zout
- ¾ kopje (178 ml) warm water

Routebeschrijving

a) Om het griesmeeldeeg te maken, combineer je de bloem en het zout en leg je het op een droog werkoppervlak. Vorm een heuvel met een diameter van ongeveer 25 cm. Maak met je handen een kuiltje in het midden van het bloem-en-zoutmengsel. Giet het water langzaam in het midden en werk de bloem er geleidelijk door met je vingers of een vork.

b) Combineer de bloem en het water tot alles volledig is opgenomen. Als het deeg aan je werkblad blijft plakken, voeg dan een beetje bloem toe. Als het deeg droog aanvoelt, spuit dan een beetje water om het samen te binden.

c) Zodra het deeg tot een bal is gevormd, begint u het te kneden door met de muis van uw hand naar beneden te duwen en het te draaien. Kneed het deeg ongeveer 10 minuten. Het deeg is voldoende gekneed als het er glad uitziet en veert terug als je erop drukt.

d) Wikkel het deeg stevig in plasticfolie en laat het voor gebruik minimaal 30 minuten op kamertemperatuur rusten. Als je het deeg niet meteen gebruikt, bewaar het dan in de koelkast.

4. Geëxtrudeerd deeg

OPBRENGST 1 LB (454 G)

Ingrediënten

- 2 kopjes (336 g) griesmeel
- ½ kopje (118 ml) warm water

Routebeschrijving

a) Om het geëxtrudeerde deeg te maken, plaatst u het griesmeel in de bodem van de extruder. Terwijl de mixer draait, begint u langzaam het water met de bloem in de bodem te gieten. Het deeg is klaar om te worden geëxtrudeerd als het op nat zand lijkt. Het ziet er kruimelig uit en moet aan elkaar plakken als je het tussen je vingers drukt.

b) Extrudeer de pasta volgens de aanwijzingen van de fabrikant voor de machine of het hulpstuk.

PASTA MET DE HAND

5. Fusilli met geroosterde bloemkool

DIENT 4-6

Ingrediënten

- Griesmeeldeeg

- 1 grote bloemkool, in kleine stukjes gesneden

- Olijfolie

- 1 teen knoflook, in dunne plakjes

- Geplette rode peper, naar smaak

- Koosjer zout

- Vers gemalen zwarte peper

- 1 vers Italiaans brood, in stukken van 12 mm gesneden

- Olijfolie

- 1 theelepel gedroogde Italiaanse kruiden

- $\frac{1}{4}$ kopje (45 g) geraspte Parmigiano-Reggiano

- Olijfolie

- 1 blikje ansjovis, grof gehakt

- 1 citroen, sap en rasp

- Peterselie, gehakt

Routebeschrijving

a) Verwarm de oven voor op 400 ° F (204 ° C) en bestuif twee bakplaten met griesmeel.

b) Snijd voor de fusilli een klein stukje griesmeeldeeg af en dek de rest van het deeg af met plasticfolie. Rol het stuk deeg uit tot een touw van ongeveer 6 mm dik. Snijd $2\frac{1}{2}$-inch (6,4 cm) stukjes deeg van het touw. Leg een stuk gesneden deeg op een diagonaal en plaats de spies aan de onderkant van het stuk deeg, rol dan de spies van je af totdat het deeg er helemaal omheen is gewikkeld. Druk niet te hard, anders blijft het deeg aan de satéprikker plakken. Schuif de pasta voorzichtig van de spies en leg op de met griesmeel bestoven bakplaat. Laat onbedekt tot het klaar is om te koken.

c) Gooi de gesneden stukjes bloemkool in een kom met olijfolie, gesneden knoflook, gemalen rode peper, zout en versgemalen zwarte peper. Leg ze op een bakplaat en bak ze ongeveer 25 minuten of tot ze gaar zijn.

d) Leg voor de broodkruimels het gesneden Italiaanse brood op een bakplaat en besprenkel met olijfolie, gedroogde Italiaanse kruiden, geraspte Parmigiano-Reggiano, zout en versgemalen zwarte peper. Bak ongeveer 10 minuten of tot ze knapperig zijn. Doe het brood in een keukenmachine en pulseer tot het net gemalen is.

e) Breng een grote pan gezouten water aan de kook.

f) Voeg intussen in een grote sauteerpan op middelhoog vuur een scheutje olijfolie, gehakte ansjovis, bloemkool en citroensap toe. Roer om te combineren en houd warm terwijl de pasta kookt.

g) Laat de fusilli in het kokende water vallen en kook ze al dente, ongeveer 4 tot 5 minuten. Voeg de fusilli toe aan de sauteerpan met de bloemkool en hussel door elkaar. Kruid met zout en versgemalen peper.

h) Verdeel de pasta over kommen om te serveren. Garneer met citroenrasp, paneermeel en gehakte peterselie.

6. Volkoren cavatelli met champignons

DIENT 4-6

Ingrediënten

- 1 kop (168 g) griesmeel
- 1 kop (120 g) volkoren meel
- 1 eetlepel (10 g) koosjer zout
- ¾ kopje (178 ml) warm water
- 8 oz (227 g) geitenkaas
- ¼ kopje (59 ml) slagroom
- Olijfolie
- 1 bol venkel, in dunne plakjes, bewaar bladeren voor garnering
- 1½ lb (680 g) wilde paddenstoelen
- Koosjer zout
- Vers gemalen zwarte peper
- 1 kop (237 ml) witte wijn

Routebeschrijving

a) Bestuif twee bakplaten met griesmeel.

b) Volg de instructies voor het maken van het deeg:Griesmeeldeeg. Snijd voor de cavatelli een klein stukje volkoren deeg af en dek de rest van het deeg af met plasticfolie. Rol het stuk deeg met je handen tot een touw van ongeveer 1/16 inch (12 mm) dik. Snijd stukjes deeg van 2,5 cm van het touw. Druk met een botermes of een bankschraper stevig op de rand van het deeg en sleep het mes van je af, zodat het deeg op zichzelf kan omkrullen. Plaats de cavatelli op de met griesmeel bestoven bladpan en laat onbedekt staan totdat u klaar bent om te koken.

c) Om de geitenkaas crema te maken, in een kom, voeg je de geitenkaas en slagroom toe. Klop tot goed gecombineerd en glad.

d) Voeg in een grote sauteerpan op hoog vuur een scheutje olijfolie, venkel, bospaddestoelen, zout en versgemalen peper toe. Kook ongeveer 6 minuten of tot de venkel en champignons gekarameliseerd zijn, onder regelmatig roeren. Voeg witte wijn toe en laat tot de helft inkoken.

e) Breng een grote pan gezouten water aan de kook. Laat de cavatelli in het kokende water vallen en kook ze beetgaar, ongeveer 4 tot 5 minuten. Voeg de cavatelli toe aan de sauteerpan met de gekarameliseerde venkel en champignons. Gooi om te combineren.

f) Verdeel de pasta over kommen om te serveren. Garneer met geitenkaas crema en venkelblad.

g) Rol het deeg uit tot een touw van ongeveer 1,3 cm dik en snijd het in stukken van 2,5 cm.

h) Druk met een bankschraper stevig op de rand van het deeg.

i) Sleep de bankschraper van u af zodat het deeg kan omkrullen.

7. Frascatelli met zoete maïs carbonara

DIENT 4-6

Ingrediënten

- 2 kopjes (472 ml) water
- 4 kopjes (672 g) griesmeel
- 3 kopjes (711 ml) volle melk
- 1 bosje tijm
- 4 maïskolven, korrels verwijderd en gereserveerd
- 3 eieren
- Olijfolie
- ¼ kopje (58 g) ongezouten boter
- 3 preien, gesneden
- Koosjer zout
- Vers gemalen zwarte peper
- ¼ lb (113 g) lardo, in stukjes van ¼-inch (6 mm) gesneden
- ½ kopje (90 g) geraspte Parmigiano-Reggiano
- Bieslook, dun gesneden

Routebeschrijving

a) Vul een kom met koud water om de frascatelli te maken. Bekleed een bakplaat met bakpapier en plaats het griesmeel op een andere bakplaat. Doop je vingertoppen in het water en laat de waterdruppels op de pan met griesmeel vallen. Gebruik een bankschraper om het griesmeel voorzichtig op zichzelf te draaien om onregelmatige stukjes deeg ter grootte van kiezelstenen te maken. Gebruik de bankschraper om het griesmeel met de deegstukjes in een zeef te gieten. Schud de zeef voorzichtig, laat het griesmeel terugvallen op de bakplaat en laat de frascatelli achter. Breng de frascatelli over naar de met bakpapier beklede bakvorm. Ga door met het proces totdat er heel weinig griesmeel overblijft. Zet de frascatelli tot gebruik in de vriezer. Dit zorgt ervoor dat de pasta niet uit elkaar valt tijdens het koken.

b) Voeg in een middelgrote pan, op middelhoog vuur, de volle melk, tijm en kolven toe. Breng aan de kook en laat ongeveer 30 minuten koken. Gooi de kolven weg en passeer de melk door een zeef. Laat de melk afkoelen en voeg dan de eieren toe en klop tot alles goed gemengd is.

c) Breng een grote pan gezouten water aan de kook.

d) Voeg in een grote sauteerpan op hoog vuur een scheutje olijfolie, boter, maïs, prei, zout en versgemalen peper toe. Kook ongeveer 5 minuten, onder regelmatig roeren, tot ze zacht zijn. Zet het vuur laag.

e) Laat de frascatelli in het kokende water vallen en kook tot ze drijven, ongeveer 1 tot 3 minuten.

f) Voeg de frascatelli en lardo toe aan de sauteerpan met de mais en prei. Gooi om te combineren en haal van het vuur. Begin langzaam, en onder voortdurend roeren, het ei-en-melkmengsel in de pan op te nemen tot het dikker wordt, ongeveer 2 minuten. Voeg de geraspte

Parmigiano-Reggiano toe en roer door elkaar.

g) Verdeel de pasta over kommen om te serveren. Garneer met bieslook en versgemalen zwarte peper.

8. Ricotta cavatelli met mosselen

DIENT 4-6

Ingrediënten

- 1 kop (227 g) ricotta

- 1½ kopjes (191 g) 00 bloem

- 2 eieren

- Koosjer zout

- Vers gemalen zwarte peper

- Olijfolie

- 1 sjalot, gesnipperd

- 1 teen knoflook, gesnipperd

- 1 bol venkel, gehalveerd, in plakjes, bladeren gereserveerd

- Geplette rode peper, naar smaak

- 3 lb (1,4 kg) mosselen, geschrobd

- 1 citroen, sap en rasp

- ¼ kopje (59 ml) droge vermout

- ¼ kopje (58 g) ongezouten boter

- Koosjer zout

- Vers gemalen zwarte peper
- 1 Italiaans brood, gesneden
- Olijfolie
- Ricotta

Routebeschrijving

a) Bestuif twee bakplaten met griesmeel.

b) Meng voor het deeg de ricotta, bloem, eieren, zout en versgemalen peper in een kom. Mix tot alles goed is opgenomen en leg op een licht met bloem bestoven werkvlak. Kneed ongeveer 5 minuten. Snijd voor de cavatelli een klein stukje ricottadeeg af en dek de rest af met plasticfolie. Rol het stuk deeg met je handen tot een touw van ongeveer 12 mm dik. Snijd stukjes deeg van 2,5 cm van het touw. Druk met een botermes of een bankschraper stevig op de rand van het deeg en sleep het mes van je af, zodat het deeg op zichzelf kan omkrullen. Plaats de cavatelli op de met bloem bestoven bakplaat en laat hem onafgedekt in de koelkast staan tot hij klaar is om te koken.

c) Breng een grote pan gezouten water aan de kook.

d) Om de mosselen te stomen, in een pan op hoog vuur, een scheutje olijfolie, sjalot, knoflook, venkel en gemalen rode peper toevoegen. Kook ongeveer 2 minuten of tot ze zacht zijn. Voeg vervolgens de mosselen, het citroensap, de rasp, de vermout, de boter, het zout en de versgemalen peper toe. Dek af en kook tot de mosselen opengaan, ongeveer 3 tot 5 minuten

e) Laat ondertussen de cavatelli in het kokende water vallen en kook tot ze drijven, ongeveer 2 tot 4 minuten. Besprenkel het gesneden Italiaanse brood met olijfolie en rooster ongeveer 1 minuut aan elke kant in de oven of tot het geroosterd is.

f) Voeg de cavatelli toe aan de mosselen en roer om te combineren.

g) Verdeel voor het serveren de pasta en de mosselen over kommen. Garneer met een sneetje knapperig Italiaans brood, olijfolie, venkelbladeren en een paar kleine klodders ricotta.

9. Pici met pecorino en guanciale

DIENT 4-6

Ingrediënten

- Griesmeeldeeg

- 1 lb (454 g) guanciale, in stukken van ½-inch (12 mm) gesneden

- Olijfolie

- Vers gemalen zwarte peper

- Pecorino Romano, om te raspen

Routebeschrijving

a) Bestuif twee bakplaten met griesmeel.

b) Snijd voor de pici een klein stukje griesmeeldeeg af en dek de rest van het deeg af met plasticfolie. Rol het stuk deeg met je handen tot een touw van ongeveer 6 mm dik. Snijd stukken deeg van 15 cm van het touw. Het is normaal dat pici een onregelmatige lengte en dikte hebben. Plaats de pici op de met griesmeel bestoven bladpan en laat het onbedekt tot het klaar is om te koken.

c) Breng een grote pan gezouten water aan de kook.

d) Kook intussen in een grote sauteerpan op middelhoog vuur de guanciale in ongeveer 5 minuten knapperig en het vet eruit. Laat de pici in het kokende water vallen en kook ze al dente, ongeveer 3 tot 5 minuten. Voeg de pici toe aan de guanciale en gooi om te combineren.

e) Verdeel voor het serveren de pici over kommen. Garneer met een scheutje olijfolie, versgemalen zwarte peper en geraspte Pecorino Romano.

10. Capunti met krokante calamares & burrata

DIENT 4-6

Ingrediënten
- Griesmeeldeeg
- Plantaardige olie, om te frituren
- 1 kop (125 g) bloem voor alle doeleinden
- 1 kop (168 g) griesmeel
- 1 kop (170 g) maïsmeel
- Koosjer zout
- 1 lb (454 g) calamares, in ringen van $\frac{1}{2}$-inch (12 mm) gesneden
- Olijfolie
- 2 teentjes knoflook, in plakjes
- 907 g boerenkool
- Koosjer zout
- Vers gemalen zwarte peper
- $\frac{1}{4}$ lb (113 g) burrata
- Italiaanse bladpeterselie, fijngehakt
- 1 citroen, sap en rasp

Routebeschrijving

a) Bestuif twee bakplaten met griesmeel.

b) Snijd voor de capunti een klein stukje griesmeeldeeg af en dek de rest af met plasticfolie. Rol het stuk deeg met je handen tot een touw van ongeveer 12 mm dik. Snijd stukjes deeg van 5 cm van het touw. Druk met drie vingers stevig op het deeg en sleep het over het werkoppervlak naar uw lichaam. Plaats de capunti op de met griesmeel bestoven bladpan en laat het onbedekt tot het klaar is om te koken.

c) Breng een grote pan gezouten water aan de kook.

d) Om de knapperige calamares te maken, verwarmt u olie in een pan of een frituurpan tot 204 °C. Meng in een kom de bloem voor alle doeleinden, het griesmeel, de maïsmeel en het zout. Bagger de calamares in porties door het droge mengsel en schud het overtollige eraf voordat je het in de verwarmde olie laat vallen. Bak tot ze goudbruin zijn, ongeveer 2 minuten. Haal uit de olie en leg op een met keukenpapier beklede bakplaat. Kruid met zout.

e) Laat de capunti in het kokende water vallen en kook ze beetgaar, ongeveer 3 tot 5 minuten

f) Voeg ondertussen in een sauteerpan op middelhoog vuur een scheutje olijfolie, knoflook en boerenkool toe. Breng op smaak met zout en versgemalen zwarte peper. Voeg de gekookte capunti toe en meng om te combineren.

g) Verdeel voor het serveren de pasta over borden. Voeg in elke kom wat van de krokante calamares toe en garneer met burrata, gehakte peterselie, olijfolie, citroensap en zeste.

11. Malloreddus met gestoofd wild

DIENT 4-6

Ingrediënten
- Olijfolie

- 4 lb (1,8 kg) hertenvlees schouder of schenkel

- Koosjer zout

- Vers gemalen zwarte peper

- 1 wortel, in blokjes gesneden

- 1 stengel bleekselderij, in blokjes gesneden

- 2 uien, gesnipperd

- 1 teen knoflook, gesnipperd

- 3 eetlepels (48 g) tomatenpuree

- 1 kop (237 ml) rode wijn

- 3 kopjes (711 ml) runderbouillon

- 3 takjes tijm

- 1 laurierblad

- 1 theelepel jeneverbessen

- Griesmeeldeeg

- Koosjer zout

- Vers gemalen zwarte peper

- Italiaanse bladpeterselie, fijngehakt

Routebeschrijving

a) Verwarm de oven voor op 350 ° F (177 ° C). Om het hert te smoren, verwarm je een grote Nederlandse oven met olijfolie op hoog vuur. Kruid het wild royaal met zout en versgemalen peper. Voeg het hert toe aan de pan en kook tot het bruin is, ongeveer 2 tot 3 minuten per kant. Haal het wild eruit en zet apart.

b) Zet het vuur laag tot medium en voeg de wortel, selderij, uien en knoflook toe en kook tot ze bruin beginnen te worden, ongeveer 5 minuten. Voeg de tomatenpuree toe en kook ongeveer 2 minuten, onder regelmatig roeren zodat het niet aanbrandt.

c) Voeg de rode wijn, runderbouillon, tijm, laurier en jeneverbessen toe en breng aan de kook. Doe het hert terug in de pot en dek af. Plaats het in de oven en kook ongeveer 1½ uur of tot het vlees zacht is.

d) Om de malloreddus te maken, bestuif je 2 bakvormen met griesmeel en zet opzij. Snijd een klein stukje griesmeeldeeg af en dek de rest van het deeg af met plasticfolie. Rol het stuk deeg met je handen tot een touw van ongeveer 12 mm dik. Knip met een lichte afwijking stukken deeg van ½ inch (12 mm) van het touw.

e) Oefen met uw duim druk uit op alleen de bovenste helft van het stuk pasta met de zijkant van uw duim en druk en duw naar de bodem van een kaasrasp. Plaats de malloreddus op de met griesmeel bestoven bladpannen en laat het onbedekt tot het klaar is om te koken.

f) Als het wild gaar is, haal je het uit de pan en zeef je het kookvocht. Gooi de groenten en kruiden weg. Laat op middelhoog vuur het kookvocht sudderen tot het voor meer dan de helft is ingekookt en ingedikt. Snijd het hertenvlees in stukjes en doe het terug in de pan met het kookvocht. Blijf warm.

g) Breng een pan gezouten water aan de kook. Voeg intussen in een grote sauteerpan op laag vuur een scheutje olijfolie en wat van het gestoofde hert toe. Laat de pasta in het kokende water vallen en kook al dente, ongeveer 4 tot 6 minuten. Voeg de gekookte pasta en wat van het pastawater toe aan het wild. Roer door elkaar en breng op smaak met zout en versgemalen zwarte peper.

h) Verdeel voor het serveren de pasta en het wild over kommen. Garneer met gehakte peterselie.

12. Cecamariti, pancetta & brussel

DIENT 4-6

Ingrediënten

- 1 theelepel (4 g) instantgist
- ½ kopje (118 ml) warm water
- ⅛ kopje (15 g) tarwebloem
- ¾ kopje (95 g) 00 bloem
- ½ theelepels (3 g) koosjer zout
- Olijfolie
- 8 oz (227 g) pancetta, in blokjes van 12 mm gesneden
- 1 lb (454 g) spruitjes, gehalveerd
- 3 teentjes knoflook, in plakjes
- Koosjer zout
- Vers gemalen zwarte peper
- 16 zwarte missievijgen, in vieren
- ¼ kopje (43 g) gehakte hazelnoten, geroosterd
- Balsamico azijn

Bestuif twee bakvormen met 00 bloem.

Routebeschrijving

a) Om het deeg te maken, combineer je de gist en het warme water in een kom en laat je dit ongeveer 5 minuten staan. Voeg vervolgens de bloem en het zout toe aan de kom en mix tot het deeg net samenkomt. Laat het deeg afgedekt ongeveer 15 minuten rusten. Kneed het deeg voorzichtig op een licht met bloem bestoven oppervlak. Doe het deeg terug in een met olie ingevette kom en dek af. Laat het deeg ongeveer 1 uur staan.

b) Snijd voor de cecamariti een klein stukje deeg af en dek de rest van het deeg af met plasticfolie. Rol het stuk deeg met je handen tot een touw van ongeveer 12 mm dik. Snijd $\frac{1}{2}$-inch (12 mm) stukjes deeg van het touw. Gebruik je vingers om het stuk heen en weer te rollen totdat het ongeveer 5 cm lang is en een spoelachtige vorm heeft. Plaats de cecamariti op de met bloem bestoven bakplaat en laat het onbedekt tot het klaar is om te koken.

c) Breng een grote pan gezouten water aan de kook.

d) Om de spruitjes te roosteren, in een grote sauteerpan op hoog vuur, een scheutje olijfolie, de pancetta, spruitjes en knoflook toevoegen en op smaak brengen met zout en versgemalen zwarte peper. Sauteer tot ze zacht zijn; blijf warm.

e) Laat de cecamariti in het kokende water vallen en kook tot ze drijven, ongeveer 1 tot 3 minuten. Voeg toe aan de pan met de spruitjes en meng om te combineren.

f) Verdeel de pasta over kommen om te serveren. Garneer met vijgen, hazelnoten en een scheutje balsamicoazijn.

13. Trofie van zwarte peper met kokkels

DIENT 4-6

Ingrediënten
- Griesmeeldeeg

- 2 eetlepels (12 g) versgemalen zwarte peper

- Olijfolie

- 1 bol venkel, gehalveerd, in dunne plakjes

- 3 teentjes knoflook, gesnipperd

- 1 sjalot, gesnipperd

- 8 oz (227 g) zoete Italiaanse worst, verwijderd uit het omhulsel

- 4 lb (1,8 kg) littleneck mosselen

- 1 citroen, sap en rasp

- 1 kop (237 ml) witte wijn

- ¼ kopje (58 g) ongezouten boter

- Koosjer zout

- Vers gemalen zwarte peper

Routebeschrijving
a) Bestuif twee bakplaten met griesmeel.

b) Om het zwarte peperdeeg te maken, volg je de instructies voor Griesmeeldeeg, waarbij je de zwarte peper met de droge ingrediënten opneemt.

c) Snijd voor de trofie een klein stukje zwarte peperdeeg af en dek de rest van het deeg af met plasticfolie. Rol het stuk deeg met je handen tot een touw van ongeveer 6 mm dik. Snijd ½-inch (12 mm) stukjes deeg van het touw. Rol met je handen een voor een de stukken in touwen van ongeveer 3 mm dik en 7,6 cm lang. Gebruik de zijkant van je hand of een bankschraper die schuin op het deeg is geplaatst, duw stevig op de rand en sleep naar je lichaam. Hierdoor krijgt de trofie zijn spiraalvorm. Plaats de trofie op de met griesmeel bestoven bladpannen en laat hem onbedekt tot hij klaar is om te koken.

d) Breng een grote pan gezouten water aan de kook.

e) Om de mosselen te stomen, in een pan op hoog vuur, een scheutje olijfolie, venkel, knoflook en sjalot toevoegen. Kook ongeveer 2 minuten of tot ze zacht zijn. Voeg de worst toe en breek hem in de pot. Kook tot ze goudbruin zijn. Voeg vervolgens de venusschelpen, citroensap, zeste, witte wijn, boter, zout en versgemalen peper toe. Dek af en kook tot de kokkels opengaan, ongeveer 5 tot 7 minuten.

f) Laat ondertussen de trofie in het kokende water vallen en kook ze al dente, ongeveer 1 tot 3 minuten. Voeg de pasta toe aan de pan met de mosselen en roer om te combineren.

g) Verdeel voor het serveren de pasta en de mosselen over kommen.

14. Lorighitta's met erfstuktomaten

DIENT 4-6

Ingrediënten
- Griesmeeldeeg
- Olijfolie
- 8 oz (227 g) erfstuktomaten, in stukjes gesneden
- 1 teen knoflook, in dunne plakjes
- 4 oz (113 g) 'nduja
- Koosjer zout
- Vers gemalen zwarte peper
- ¼ kopje (45 g) olie-uitgeharde zwarte olijven, ontpit en gehakt
- Basilicum

Routebeschrijving
a) Bestuif twee bakplaten met griesmeel.

b) Snijd voor de lorighitta's een klein stukje deeg af en dek de rest af met plasticfolie. Rol het stuk deeg met je handen tot een touw van ongeveer 1,5 mm dik. Wikkel met je handen het touw twee keer om drie vingers (wijs, middel, ring) van je rechterhand. Knijp in het verpakte deeg zodat het aan zichzelf hecht. Nu, met het deeg om je vingers, begin je het samen te weven om een gedraaide vlecht te maken. Leg de lorighitta's op de met griesmeel bestoven bakplaten en laat ze onbedekt tot ze klaar zijn om te koken.

c) Breng een grote pan gezouten water aan de kook.

d) Voeg intussen in een grote sauteerpan op middelhoog vuur een scheutje olijfolie, tomaten en knoflook toe. Kook ongeveer een minuut. Roer de 'nduja erdoor en breek het tot het smelt. Zet het vuur laag en houd warm.

e) Laat de pasta in het kokende water vallen en kook al dente, ongeveer 3 tot 4 minuten. Voeg de pasta toe aan de pan met de tomaten en hussel door elkaar. Breng op smaak met zout en versgemalen zwarte peper.

f) Verdeel de pasta over kommen om te serveren. Garneer met gehakte olijven en basilicum.

15. Orecchiette en gehaktballen

DIENT 4-6

Ingrediënten

- Griesmeeldeeg

- TOMATENSAUS

- Olijfolie

- 3 teentjes knoflook, gesnipperd

- 1 kop (237 ml) rode wijn

- 2 (28-oz [794-g]) blikken geplette tomaten

- 1 bos basilicum

- Koosjer zout

- Vers gemalen zwarte peper

- GEHAKTBALLEN

- 8 oz (227 g) rundergehakt

- 8 oz (227 g) gemalen kalfsvlees

- 8 oz (227 g) gemalen varkensvlees

- 2 eieren

- ½ kopje (60 g) broodkruimels

- 1 kop (180 g) geraspte Parmigiano-Reggiano

- 1 bosje Italiaanse bladpeterselie, fijngehakt

- 2 teentjes knoflook, gehakt

- Geplette rode peper, naar smaak

- Koosjer zout

- Vers gemalen zwarte peper

- 2 sneetjes wit brood

- Parmigiano-Reggiano, om te raspen

- Olijfolie

- Basilicum, gescheurd

Routebeschrijving

a) Verwarm de oven voor op 400 ° F (204 ° C) en bestuif twee bakplaten met griesmeel.

b) Om het deeg te maken, volg je de instructies voor Griesmeeldeeg. Snijd voor de orecchiette een klein stukje deeg af en dek de rest van het deeg af met plasticfolie. Rol het stuk deeg met je handen tot een touw van ongeveer 12 mm breed. Snijd ½-inch (12 mm) stukjes deeg van het touw. Druk met een botermes stevig op de rand van het deeg en sleep het mes naar u toe. Terwijl het deeg over het mes krult, gebruik je je duim om het deeg te ontkrullen en een koepelvorm te maken (kleine oortjes). Plaats de orecchiette op de bakplaat en laat hem onbedekt tot hij klaar is om te koken.

c) Om de saus te maken, in een pan op middelhoog vuur, voeg de olijfolie en knoflook toe en bak ongeveer een minuut of tot ze glazig zijn. Voeg de rode wijn toe en laat deze voor de helft inkoken. Voeg vervolgens de geplette tomaten, basilicum, zout en peper toe. Laat het zachtjes sudderen terwijl je de gehaktballen maakt.

d) Meng voor de gehaktballen in een grote kom het gehakt, kalfsvlees, varkensvlees, eieren, paneermeel, Parmigiano-Reggiano, peterselie, knoflook, gemalen rode peper, zout en peper. Week 2 sneetjes witbrood in water en knijp het teveel uit. Voeg het brood toe aan de kom en meng goed. Vorm met je handen balletjes van 2,5 cm van het mengsel. Ze moeten iets kleiner zijn dan een golfbal. Leg op een bakplaat en bak onafgedekt ongeveer 15 minuten. Voeg de gehaktballen toe aan de saus en laat nog ongeveer 30 minuten sudderen.

e) Breng een grote pan gezouten water aan de kook. Doe de pasta in het kokende water en kook al dente, ongeveer 3 minuten.

f) Voeg in een braadpan een scheutje olijfolie, de pasta, de gehaktballetjes en wat tomatensaus toe. Gooi om te combineren.

g) Verdeel voor het serveren de pasta over kommen met gehaktballetjes. Garneer met vers geraspte Parmigiano-Reggiano, olijfolie en basilicum.

16. Maccheroni di busa met brasciole

DIENT 4-6

Ingrediënten

- Griesmeeldeeg
- Olijfolie
- 3 teentjes knoflook, gesnipperd
- 1 ui, klein gesneden
- 2 lb (907 g) tomaten, in stukjes
- 1 bos basilicum
- Koosjer zout
- Vers gemalen zwarte peper
- 2 lb (907 g) rundvlees brasciole (top ronde steaks), dun gestampt
- Grond zwarte peper
- 1 kop (180 g) geraspte Parmigiano-Reggiano
- 1 bosje Italiaanse bladpeterselie, fijngehakt
- Tandenstokers of keukentouw
- Parmigiano-Reggiano, om te raspen

- 1 bosje basilicum, gescheurd

Routebeschrijving
a) Bestuif twee bakplaten met griesmeel.

b) Om het deeg te maken, volg je de instructies voor Griesmeeldeeg.

c) Snijd voor de maccheroni di busa een klein stukje deeg af en dek de rest van het deeg af met plasticfolie. Rol het stuk deeg met je handen tot een touw van ongeveer 12 mm breed. Snijd stukjes deeg van 5 cm van het touw.

d) Gebruik een houten spies om deze in het midden van het deeg te plaatsen en knijp het deeg dicht om de spies te verzegelen. Gebruik je handpalm met gelijkmatige druk, rol heen en weer om het deeg te verzegelen en een buisachtige vorm te creëren. Leg de pasta op de bakplaat en laat hem onbedekt staan tot hij klaar is om te koken.

e) Om de saus te maken, in een pan op middelhoog vuur, voeg de olijfolie, knoflook en ui toe en bak ongeveer een minuut of tot ze glazig zijn. Voeg vervolgens de gehakte tomaten, basilicum, zout en versgemalen zwarte peper toe. Laat de saus op laag pruttelen terwijl je de brasciole maakt.

f) Om de brasciole te maken, legt u het vlees op een snijplank en drukt u het gelijkmatig uit. Strooi royaal peper, Parmigiano-Reggiano en peterselie over elk stuk, laat ongeveer 6 mm rond de randen. Begin aan het ene uiteinde en begin het vlees stevig op te rollen. Zet vast met een tandenstoker of stropdas met keukentouw.

g) In een grote sauteerpan, besprenkel olijfolie en schroei de brasciole aan alle kanten bruin. Voeg de gebruinde brasciole toe aan de sauspan en laat deze minstens 1 uur sudderen.

h) Breng een grote pan gezouten water aan de kook. Doe de pasta in het kokende water en kook al dente, ongeveer 3 minuten.

i) Voeg in een braadpan een scheutje olijfolie, de pasta en wat tomatensaus toe. Gooi om te combineren.

j) Verdeel voor het serveren de pasta over kommen met brasciole. Garneer met vers geraspte Parmigiano-Reggiano en basilicum.

17. Gnocchetti met garnalen & pesto

DIENT 4-6

Ingrediënten

- Griesmeeldeeg

- PISTACHIE PESTO

- 1 kop (150 g) pistachenoten

- 1 bosje munt

- 1 teen knoflook

- ½ kopje (50 g) geraspte Pecorino Romano

- ½ kopje (118 ml) olijfolie

- Koosjer zout

- Vers gemalen zwarte peper

- 227 g tuinbonen

- Olijfolie

- 3 teentjes knoflook, gesnipperd

- 2 lb (907 g) grote garnalen, schoongemaakt

- Geplette rode peper, naar smaak

- Koosjer zout

- Vers gemalen zwarte peper
- ¼ kopje (59 ml) witte wijn
- 1 citroen, geraspt

Routebeschrijving

a) Bestuif twee bakplaten met griesmeel.

b) Snijd voor de gnocchetti een klein stukje deeg af en dek de rest van het deeg af met plasticfolie. Rol het stuk deeg met je handen tot een touw van ongeveer 12 mm dik. Snijd ½-inch (12 mm) stukjes deeg van het touw. Duw met je duim het stuk deeg voorzichtig op een gnocchibord en rol het weg van je lichaam zodat het een lichte inkeping krijgt. Plaats de gnocchetti op de met griesmeel bestoven bakplaten en laat het onbedekt staan tot het klaar is om te koken.

c) Om de pistachepesto te maken, in een keukenmachine, voeg je de pistachenoten, munt, knoflook, Pecorino Romano, olijfolie, zout en versgemalen zwarte peper toe en verwerk je tot een puree.

d) Zet een kom ijswater klaar. Haal de tuinbonen uit de peul. Blancheer de tuinbonen door ze in kokend water te koken tot ze gaar zijn, ongeveer 1 minuut. Haal uit het water en plaats in het ijsbad. Als het voldoende is afgekoeld, uit het water halen en in een kom opzij zetten. Verwijder de wasachtige buitenste laag van de boon en gooi deze weg.

e) Breng een grote pan gezouten water aan de kook. Voeg intussen in een grote sauteerpan op hoog vuur een scheutje olijfolie, knoflook, garnalen, gemalen rode peper, zout en versgemalen zwarte peper toe. Terwijl de garnalen koken, laat je de pasta in het kokende water vallen en kook je ze al dente, ongeveer 3 tot 4 minuten. Voeg de pasta toe aan de sauteerpan met witte wijn en laat koken tot de wijn gehalveerd is, ongeveer een minuut.

f) Verdeel de pasta over kommen om te serveren. Garneer met citroenrasp en pistachepesto.

18. Ciciones met linzenstoofpot

DIENT 4-6

Ingrediënten
- Griesmeeldeeg
- 6-8 saffraandraadjes
- 1 kop (200 g) gedroogde linzen
- Olijfolie
- 1 ui, klein gesneden
- 1 wortel, in kleine blokjes gesneden
- 1 stengel bleekselderij, in kleine blokjes gesneden
- 2 teentjes knoflook, in plakjes
- ¼ kopje (59 ml) rode wijn
- 1½ kopjes (355 ml) groentebouillon
- 1 (28-oz [794-g]) kan geplette San Marzano-tomaten
- 1 laurierblad
- Koosjer zout
- Vers gemalen zwarte peper

19. Casarecce met artisjokken & scamorza

DIENT 4-6

Ingrediënten

- Griesmeeldeeg

- 907 g baby-artisjokken

- Olijfolie

- Koosjer zout

- Vers gemalen zwarte peper

- ¼ kopje (58 g) ongezouten boter

- Citroen, sap en zeste

- Scamorza, om te raspen

- Gehakte peterselie

Routebeschrijving

a) Verwarm de oven voor op 400 ° F (204 ° C) en bestuif twee bakplaten met griesmeel.

b) Snijd voor de casarecce een klein stukje deeg af en dek de rest van het deeg af met plasticfolie. Rol het stuk deeg met je handen tot een touw van ongeveer 12 mm dik. Snijd stukjes deeg van 5 cm van het touw. Plaats een houten spies in het midden van het deeg en druk zachtjes aan en beweeg je handen in tegengestelde richtingen. Het deeg krult over de spies en zorgt voor een gedraaide look. Verwijder voorzichtig de spies en plaats de casarecce op de met griesmeel bestoven bakplaten en laat het onbedekt tot het klaar is om te koken.

c) Bereid de artisjokken voor door de buitenste lagen te pellen tot je de lichtgroene binnenste bladeren bereikt. Snijd ongeveer 2,5 cm van de bovenkant en snijd de artisjokken in de lengte doormidden. Vul een grote kom met water en pers het sap van 1 citroen in de kom, gooi er ook de citroenhelften in. Plaats de gesneden artisjokken in de kom met citroenwater. Als alle artisjokken schoon zijn, laat ze goed uitlekken en leg ze op een bakplaat. Besprenkel met olijfolie, zout en versgemalen peper en rooster tot ze knapperig zijn, ongeveer 25 tot 30 minuten.

d) Breng een grote pan gezouten water aan de kook. Voeg intussen in een grote sauteerpan op middelhoog vuur de boter, het citroensap en de citroenschil toe.

e) Laat de casarecce in het kokende water vallen en kook al dente, ongeveer 4 tot 6 minuten. Voeg de pasta en artisjokken toe aan de pan met de boter en roer om te combineren. Breng op smaak met zout en versgemalen zwarte peper.

f) Verdeel de pasta over kommen om te serveren. Garneer met geraspte scamorza en gehakte peterselie.

20. Mezzi paccheri met doperwten

DIENT 4-6

Ingrediënten
- Griesmeeldeeg
- Olijfolie
- 1 ui, klein gesneden
- 3 teentjes knoflook, fijngehakt
- 2 kopjes (302 g) erwten
- 2 (28-oz [794-g]) blikken geplette tomaten
- 1 theelepel gemalen rode peper
- Koosjer zout
- Vers gemalen zwarte peper
- Basilicum, gescheurd
- Parmigiano-Reggiano, om te raspen

Routebeschrijving
a) Bestuif twee bakplaten met griesmeel.

b) Snijd voor de mezzi paccheri een klein stukje deeg af en dek de rest af met plasticfolie. Rol het stuk deeg met je handen tot een touw van ongeveer 2,5 cm dik. Snijd stukjes deeg van 2,5 cm van het touw. Rol de gesneden stukken met een deegroller 1/16 inch (1,6 mm) dik. Plaats het handvat van een houten lepel in de lengte aan de rand van het vel en rol het vel over het handvat. Gebruik de palm van je hand om druk uit te oefenen, rol heen en weer om te verzegelen en een korte buisachtige vorm te creëren. Verwijder voorzichtig het handvat en plaats de paccheri op de met griesmeel bestoven bladpannen en laat het onbedekt tot het klaar is om te koken.

c) Om de saus te maken, in een middelgrote pan op middelhoog vuur, voeg een scheutje olijfolie toe en fruit de ui en knoflook tot ze net doorschijnend zijn, ongeveer 3 minuten. Voeg vervolgens de doperwten, geplette tomaten en geplette rode peper toe. Breng op smaak met zout en versgemalen zwarte peper. Zet het vuur laag en laat ongeveer 30 minuten sudderen.

d) Breng een grote pan gezouten water aan de kook. Laat de pasta in het water vallen en kook al dente, ongeveer 3 tot 4 minuten. Schep de pasta door de saus en meng goed.

e) Verdeel de pasta over kommen om te serveren. Garneer met vers gescheurde basilicum en geraspte Parmigiano-Reggiano.

21. Strozzapreti met krab

DIENT 4-6

Ingrediënten
- Griesmeeldeeg
- 8 oz (227 g) groene tomaten
- Olijfolie
- 3 teentjes knoflook, in plakjes
- Geplette rode peper, naar smaak
- 8 oz (227 g) krabvlees, geplukt
- Koosjer zout
- Vers gemalen zwarte peper
- Basilicum, in dunne plakjes gesneden
- 1 citroen, geraspt

Routebeschrijving
a) Bestuif twee bakplaten met griesmeel.

b) Verdeel het deeg in vier stukken om de strozzapreti te maken. Leg een stuk op een licht met bloem bestoven werkvlak en dek de rest van het deeg af met plasticfolie. Begin met het uitrollen van het deeg totdat het ongeveer is ⅓ inch (8 mm) dik. Snijd met een mes het uitgerolde deeg in reepjes van 4 cm. Om de strozzapreti vorm te geven, pakt u een strook op en plaatst u deze tussen uw handpalmen. Wrijf met een zachte heen en weer beweging het deeg tussen je handen om een gedraaide buisachtige vorm te krijgen. Scheur het opgerolde deeg af en knijp het samen om stukjes van 10 cm te maken. Plaats de strozzapreti op de met griesmeel bestoven bladpan en laat hem onbedekt tot hij klaar is om te koken.

c) Om de groene tomaten te bereiden, breng je een middelgrote pan met water aan de kook. Kern de tomaten en gebruik een scherp mes om de onderkant van de tomaat in te snijden met een X. Zet een kom gevuld met ijswater klaar. Laat de tomaten in het kokende water vallen en verwijder ze na ongeveer 30 seconden. Leg ze in de kom met ijswater. Als ze voldoende afgekoeld zijn om te hanteren, schil en snijd de tomaten in stukjes.

d) Breng een grote pan gezouten water aan de kook.

e) Voeg in een grote sauteerpan op hoog vuur een scheutje olijfolie, groene tomaten, knoflook en geplette rode peper toe. Kook ongeveer 2 minuten, regelmatig omscheppen. Voeg de krab toe en breng op smaak met zout en peper. Blijf warm.

f) Laat de strozzapreti in het kokende water vallen en kook al dente, ongeveer 3 tot 4 minuten. Voeg de pasta toe aan de groene tomaten en hussel door elkaar.

g) Verdeel voor het serveren de pasta over de kom en de lemls. Garneer met basilicum, olijvenschil.

GNOCCHI EN GNUDI

22. Eigeel gnudi met truffels

DIENT 4-6

Ingrediënten
- 2 kopjes (454 g) ricotta kaas
- 4 eidooiers
- 1 kop (180 g) geraspte Parmigiano-Reggiano
- Koosjer zout
- Vers gemalen zwarte peper
- ½ kopje (64 g) 00 bloem, plus meer om te bestuiven
- ½ kopje (115 g) ongezouten boter
- Koosjer zout
- Vers gemalen zwarte peper
- Parmigiano-Reggiano, geraspt
- 1 verse zwarte truffel, geschaafd

Routebeschrijving
a) Bestuif twee bakvormen met 00 bloem.

b) Om de gnudi te maken, meng je de ricotta, eidooiers, Parmigiano-Reggiano, zout en zwarte peper in een kom tot alles goed gemengd is. Voeg de 00-bloem toe en roer tot het net is gecombineerd en het mengsel samenkomt. Vorm met twee grote eetlepels het deeg tot voetbalvormen en leg het op de met bloem bestoven bakplaten. Bestuif met meer bloem. Zorg ervoor dat de gnudi elkaar niet raken, anders blijven ze aan elkaar plakken. Koel tot gebruik.

c) Breng een grote pan gezouten water aan de kook.

d) Smelt ondertussen de boter in een grote braadpan op middelhoog vuur.

e) Zodra het water snel kookt, verlaagt u het vuur tot het kookt en plaatst u de eidooier gnudi voorzichtig in het water en kookt u ongeveer 1 tot 2 minuten of totdat ze drijven. Voeg met een schuimspaan de gnudi toe aan de pan met de gesmolten boter. Breng op smaak met zout en versgemalen zwarte peper.

f) Verdeel de gnudi over kommen om te serveren. Garneer met vers geraspte Parmigiano-Reggiano en truffelkrullen.

23. Pompoengnocchi met pancetta

DIENT 4-6

Ingrediënten

- ½ kopje (114 g) ricotta kaas
- ½ kopje (90 g) pompoenpuree
- 2 eieren
- 3 kopjes (381 g) 00 bloem
- ½ theelepel gemalen gember
- 1 theelepel nootmuskaat, geraspt
- ½ theelepel gemalen kruidnagel
- 1 eetlepel (8 g) kaneel
- ½ theelepel piment
- Koosjer zout
- Vers gemalen zwarte peper
- Extra vergine olijfolie
- 8 oz (227 g) snijbiet, stelen verwijderd
- ½ kopje (50 g) geraspte Pecorino Romano
- 2 teentjes knoflook
- 1 bos basilicum

- ½ kopje (63 g) pignoli-noten, geroosterd
- Koosjer zout
- Vers gemalen zwarte peper
- 1 kop (237 ml) olijfolie
- 8 oz (227 g) pancetta, in stukken van ½-inch (12 mm) gesneden
- Pecorino Romano

Routebeschrijving

a) Bestuif twee bakvormen met 00 bloem.

b) Om het gnocchi-deeg te maken, meng je de ricotta, pompoenpuree en eieren in een kom tot alles goed gemengd is. Meng in een aparte kom de 00-bloem, gember, geraspte nootmuskaat, kruidnagel, kaneel, piment, zout en versgemalen zwarte peper.

c) Voeg het bloemmengsel toe aan het pompoen-ricottamengsel en roer tot het net gemengd is en het mengsel een bal vormt.

d) Kneed het deeg op een licht met bloem bestoven oppervlak ongeveer 3 minuten licht.

e) Snijd voor de gnocchi een klein stukje pompoendeeg af en dek de rest af met plasticfolie. Rol het stuk deeg met je handen tot een touw van ongeveer 2,5 cm breed. Snijd stukjes deeg van 2,5 cm van het touw. Rol met een gnocchiplank of een vork de gesneden gnocchi voorzichtig over de plank om een gestructureerd oppervlak te krijgen.

f) Leg de pompoengnocchi op de met bloem bestoven bakplaten en zorg ervoor dat de gnocchi elkaar niet raken, anders gaan ze aan elkaar plakken. Koel tot gebruik.

g) Om de snijbietpesto te maken, bestrijk je een grote sauteerpan met een scheutje extra vergine olijfolie, voeg je de snijbiet toe en kook je tot deze geslonken is.

h) Voeg in een keukenmachine de verwelkte snijbiet, Pecorino Romano, knoflook, basilicum, pignoli-noten, zout en versgemalen zwarte peper toe. Giet langzaam de olijfolie erbij en verwerk tot het gepureerd is.

i) Breng een grote pan gezouten water aan de kook.

j) Voeg intussen in een grote sauteerpan op middelhoog vuur de pancetta toe en kook deze tot het vet helemaal gesmolten en krokant is, ongeveer 5 minuten.

k) Leg de gnocchi voorzichtig in het kokende water en kook tot ze drijven, ongeveer 2 tot 3 minuten. Voeg met een schuimspaan de pompoengnocchi toe aan de pancetta-pan en roer om te combineren.

l) Verdeel de gnocchi over kommen om te serveren. Garneer met vers geraspte Pecorino Romano en snijbietpesto.

24. Zoete aardappel gnocchi met prosciutto

DIENT 4-6

Ingrediënten

- 1 lb (455 g) zoete aardappelen, in de lengte gehalveerd

- Olijfolie

- Koosjer zout

- Vers gemalen zwarte peper

- 1 kop (180 g) geraspte Parmigiano-Reggiano

- 1 kop (227 g) ricotta kaas

- 2 kopjes (254 g) 00 bloem, plus meer om te bestuiven

- 4 oz (113 g) prosciutto di Parma, in dunne plakjes

- ½ kopje (115 g) ongezouten boter

- 3 takjes tijm

- Koosjer zout

- Vers gemalen zwarte peper

- Parmigiano-Reggiano

- ¼ kopje (30 g) gehakte pecannoten, geroosterd

Routebeschrijving

a) Verwarm de oven voor op 400 ° F (204 ° C) en bestuif twee bakpannen met 00 bloem.

b) Besprenkel de aardappelen voor het gnocchideeg met olijfolie en breng op smaak met zout en versgemalen zwarte peper. Leg ze op een bakplaat, met de snijkant naar beneden, en rooster ze tot ze gaar zijn, ongeveer 30 minuten.

c) Zet opzij tot het voldoende is afgekoeld om te hanteren. Schep het vruchtvlees uit de schil, haal het vlees door een aardappelpers (of pureer met de achterkant van een vork) en meng de puree van zoete aardappel, geraspte Parmigiano-Reggiano, ricotta, koosjer zout en versgemalen zwarte peper in een kom tot goed gecombineerd. Voeg de 00-bloem toe en roer tot het net gemengd is en het mengsel een bal vormt. Kneed het deeg op een licht met bloem bestoven oppervlak ongeveer 3 minuten zachtjes door.

d) Snijd voor de gnocchi een klein stukje zoete aardappeldeeg af en dek de rest af met plasticfolie. Rol het stuk deeg met je handen tot een touw van ongeveer 2,5 cm breed. Snijd stukjes deeg van 2,5 cm van het touw. Gebruik een gnocchiplank of een vork om de gesneden gnocchi voorzichtig over de plank te rollen tot een gestructureerd oppervlak. Leg de zoete aardappel gnocchi op de met bloem bestoven bakplaten en zorg ervoor dat de gnocchi elkaar niet raken, anders gaan ze aan elkaar plakken. Koel tot gebruik.

e) Leg de prosciutto op een met bakpapier beklede bakvorm en bak in ongeveer 6 minuten knapperig.

f) Breng een grote pan gezouten water aan de kook. Voeg intussen in een grote sauteerpan op middelhoog vuur de boter en tijm toe en kook tot ze bruin zijn en een nootachtig aroma hebben, ongeveer

3 tot 4 minuten. Verwijder de takjes tijm en gooi weg.

g) Leg de gnocchi voorzichtig in het kokende water en kook tot ze drijven, ongeveer 2 tot 3 minuten. Voeg met een schuimspaan de gnocchi van zoete aardappel toe aan de bruine boter en hussel door elkaar. Breng op smaak met zout en versgemalen zwarte peper. Verdeel de gnocchi over borden om te serveren. Garneer met vers geraspte Parmigiano-Reggiano, verkruimelde prosciutto di Parma en gehakte pecannoten.

25. Ramp gnudi en grana padano

DIENT 4-6

Ingrediënten

- Olijfolie

- 2½ lb (1,1 kg) oprijplaten, gehakt

- 2 kopjes (454 g) ricotta kaas

- 2 eieren

- 1 kop (100 g) geraspte Grana Padano

- Koosjer zout

- Vers gemalen zwarte peper

- ½ kopje (64 g) 00 bloem, plus meer om te bestuiven

- ½ kopje (115 g) ongezouten boter

- 1 bosje tijm

- Koosjer zout

- Vers gemalen zwarte peper

- Grana Padano

Routebeschrijving
a) Bestuif twee bakvormen met 00 bloem.

b) Om de gnudi te maken, in een sauteerpan op hoog vuur, voeg een scheutje olijfolie en gehakte hellingen toe. Kook tot het geslonken is, ongeveer 1 tot 2 minuten. Meng in een kom de verwelkte hellingen, ricotta kaas, eieren, Grana Padano, zout en versgemalen zwarte peper tot alles goed gemengd is. Voeg de 00-bloem toe en roer tot het net gemengd is en het mengsel een bal vormt. Vorm met je handen of een kleine schep het mengsel tot balletjes van 2,5 cm (iets kleiner dan een golfbal) en plaats ze op de met bloem bestoven bakplaten. Bestuif met meer bloem. Zorg ervoor dat de gnudi elkaar niet raken, anders blijven ze aan elkaar plakken. Koel tot gebruik.

c) Breng een grote pan gezouten water aan de kook.

d) Voeg intussen in een grote sauteerpan, op middelhoog vuur, de boter en de tijm toe en kook tot ze bruin zijn en een nootachtig aroma hebben, ongeveer 10 tot 12 minuten.

e) Zodra het water snel kookt, zet je het vuur lager en laat je de gnudi voorzichtig in het water koken en ongeveer 1 tot 2 minuten koken of tot ze drijven. Voeg met een schuimspaan de ramp gnudi toe aan de pan met bruine boter. Breng op smaak met zout en versgemalen zwarte peper.

f) Verdeel de gnudi over borden om te serveren. Garneer met vers geraspte Grana Padano.

26. Bietengnocchi met schapenricotta

DIENT 4-6

Ingrediënten

- 1 lb (454 g) rode bieten, geschrobd en geschild, in vieren

- Olijfolie

- Koosjer zout

- Vers gemalen zwarte peper

- 2 kopjes (454 g) ricotta van schapenmelk

- 3 eieren

- 1 kop (180 g) geraspte Parmigiano-Reggiano

- 1 kop (127 g) 00 bloem, plus meer om te bestuiven

- $\frac{1}{4}$ kopje (58 g) ongezouten boter

- 6 salieblaadjes

- Koosjer zout

- Vers gemalen zwarte peper

- Parmigiano-Reggiano

Verwarm de oven voor op 400 ° F (204 ° C) en bestuif twee bakpannen met 00 bloem.

Routebeschrijving

a) Om de gnocchi te maken, leg je de bieten op een bakplaat en besprenkel je ze met olijfolie, en breng je ze op smaak met koosjer zout en versgemalen zwarte peper. Rooster tot ze gaar zijn, ongeveer 45 minuten.

b) Zet opzij tot het voldoende is afgekoeld om te hanteren. Haal de bieten door een aardappelpers (of pureer ze met de achterkant van een vork) en meng de bieten, ricotta van schapenmelk, eieren, Parmigiano-Reggiano, koosjer zout en versgemalen zwarte peper in een kom tot alles goed gemengd is. Voeg de 00-bloem toe en roer tot het net gemengd is en het mengsel een bal vormt.

c) Snijd voor de gnocchi een klein stukje bietendeeg af en dek de rest af met plasticfolie. Rol het stuk deeg met je handen tot een touw van ongeveer 2,5 cm breed. Snijd stukjes deeg van 2,5 cm van het touw. Rol met een gnocchiplank de gesneden gnocchi voorzichtig over de plank om een gestructureerd oppervlak te krijgen (of gebruik een vork). Leg de bietengnocchi op een met bloem bestoven bakplaat en zorg ervoor dat de gnocchi elkaar niet raken, anders gaan ze aan elkaar plakken. Koel tot gebruik.

d) Voeg in een grote sauteerpan, op middelhoog vuur, de boter toe en kook tot het bruin is en een nootachtig aroma heeft, ongeveer 3 tot 4 minuten. Voeg de salieblaadjes toe.

e) Breng een grote pan gezouten water aan de kook.

f) Zodra het water snel kookt, zet u het vuur wat lager en plaatst u de gnocchi voorzichtig in het water en kookt u ongeveer 1 tot 2 minuten of totdat ze drijven. Voeg met een schuimspaan de bietengnocchi toe aan de pan met bruine boter en salie. Breng op smaak met zout en versgemalen zwarte peper.

g) Verdeel de gnocchi over borden om te serveren. Garneer met vers geraspte Parmigiano-Reggiano.

27. Saffraangnocchi met gepocheerde kreeft

DIENT 4-6

Ingrediënten

- 2½ lb (1,1 kg) roodbruine aardappelen

- Olijfolie

- Koosjer zout

- Vers gemalen zwarte peper

- 1 ei

- 6–8 saffraandraadjes

- 1 kop (227 g) ricotta kaas

- 1½ kopjes (191 g) 00 bloem, plus meer om te bestuiven

- Olijfolie

- 1 teen knoflook, gesnipperd

- 1 (28-oz [794-g]) blik geplette tomaten

- Geplette rode peper, naar smaak

- BOTER GEPOCHEERDE KREEFT

- 2 (1½-lb [680-g]) kreeften of 3 kreeftenstaarten

- 2 kopjes (460 g) ongezouten boter

- 2 eetlepels (30 ml) vanille

- 1 teen knoflook, geplet

- 1 bosje dragon

- Dragon, gesneden

- 1 citroen, geraspt

Routebeschrijving

a) Verwarm de oven voor op 400 ° F (204 ° C) en bestuif twee bakpannen met 00 bloem.

b) Om het gnocchi-deeg te maken, besprenkel je de aardappelen met olijfolie en breng je ze op smaak met koosjer zout en versgemalen zwarte peper. Leg ze op een bakplaat, met de snijkant naar beneden, en rooster ze tot ze gaar zijn, ongeveer 30 minuten. Klop in een kom het ei los, voeg de saffraandraadjes toe en laat ongeveer 3 tot 4 minuten trekken. Als de aardappelen voldoende afgekoeld zijn om te hanteren, schep je het vruchtvlees uit de schil en haal je het vlees door een aardappelpers (of pureer met de achterkant van een vork).

c) Meng de aardappelpuree, ricotta, ei-saffraanmengsel, koosjer zout en versgemalen zwarte peper in een kom tot alles goed gemengd is. Voeg de 00-bloem toe en roer tot het net gemengd is en het mengsel een bal vormt. Kneed het deeg op een licht met bloem bestoven oppervlak ongeveer 3 minuten licht.

d) Snijd voor de gnocchi een klein stukje saffraandeeg af en dek de rest af met plasticfolie. Rol het stuk deeg met je handen tot een touw van ongeveer 2,5 cm breed. Snijd stukjes deeg van 2,5 cm van het touw. Rol met een gnocchiplank de gesneden gnocchi voorzichtig over de plank om een gestructureerd oppervlak te krijgen (je kunt ook een vork gebruiken). Leg de saffraangnocchi op een met bloem bestoven bakplaat en zorg ervoor dat de gnocchi elkaar niet raken, anders gaan ze aan elkaar plakken. Koel tot gebruik.

e) Om de saus te maken, in een pan op middelhoog vuur, een scheutje olijfolie en knoflook toevoegen en ongeveer een minuut koken. Voeg het blikje geplette tomaten en rode pepervlokken toe. Breng op smaak met zout en versgemalen zwarte peper. Laat de saus onafgedekt ongeveer 30 minuten sudderen.

f) Om de in boter gepocheerde kreeft te maken, breng je een grote pan water aan de kook. Laat de kreeft in de pan vallen, dek af en laat 4 minuten koken. Verwijder kreeften en zet opzij tot ze koel genoeg zijn om te hanteren. Haal al het kreeftenvlees uit de schelpen en snij in grote stukken. Voeg in een middelgrote pan op laag vuur boter, vanille, knoflook en dragon toe. Als de boter gesmolten is, voeg je de stukjes kreeft toe en laat je de kreeft ongeveer 5 minuten koken. Zorg ervoor dat het botermengsel niet aan de kook komt.

g) Breng een grote pan gezouten water aan de kook.

h) Voeg intussen in een grote sauteerpan op laag vuur de in boter gepocheerde kreeft en wat van de tomatensaus toe.

i) Leg de gnocchi voorzichtig in het kokende water en kook tot ze gaar zijn, ongeveer 2 tot 3 minuten. Voeg met een schuimspaan de saffraangnocchi toe aan de pan met de kreeft en schep alles door elkaar. Breng op smaak met zout en versgemalen zwarte peper.

j) Verdeel voor het serveren de gnocchi en kreeft over kommen. Garneer met gehakte dragon en citroenschil.

28. Geroosterde aardappelgnocchi met robiola

DIENT 4-6

Ingrediënten

- 2½ lb (1,1 kg) roodbruine aardappelen, in de lengte gesneden

- 1 bol knoflook

- Olijfolie

- Koosjer zout

- Vers gemalen zwarte peper

- 4 takjes rozemarijn

- 2 kopjes (454 g) ricotta kaas

- 1 ei

- 2 kopjes (254 g) 00 bloem, plus meer om te bestuiven

- ½ kopje (45 g) kastanjemeel

- 2 citroenen, één geraspt

- 4 middelgrote artisjokken

- ¼ kopje (59 ml) olijfolie

- 1 ui, gesnipperd

- 2 teentjes knoflook, geplet

- 1 bosje peterselie

- 1 kop (237 ml) witte wijn

- 1 kop (237 ml) kippenbouillon

- ½ kopje (115 g) ongezouten boter

- 8 oz (227 g) robiola-kaas

- ¼ kopje (59 ml) slagroom

- ¼ kopje (60 g) kappertjes, gehakt

- Italiaanse bladpeterselie, fijngehakt

- Vers gemalen zwarte peper

Routebeschrijving

a) Verwarm de oven voor op 400 ° F (204 ° C) en bestuif twee bakpannen met 00 bloem.

b) Om het gnocchi-deeg te maken, besprenkelt u de aardappelen en de hele knoflookbol met olijfolie en brengt u op smaak met koosjer zout en versgemalen zwarte peper. Leg ze op een bakplaat, met de snijkant naar beneden, met takjes rozemarijn en rooster ze ongeveer 30 minuten tot ze gaar zijn. Zet opzij tot het voldoende is afgekoeld om te hanteren. Schep het vruchtvlees uit de schil, knijp de knoflook eruit en passeer het vruchtvlees door een aardappelpers (of pureer met de achterkant van een vork) en meng de aardappelpuree, knoflook, ricotta, ei, zout en peper in een kom tot goed gecombineerd. Voeg de 00-bloem en het kastanjemeel toe, roer tot alles net gemengd is en het mengsel een bal vormt. Kneed het deeg op een licht met bloem bestoven oppervlak ongeveer 3 minuten zachtjes door.

c) Snijd voor de gnocchi een klein stukje geroosterd aardappeldeeg af en dek de rest van het deeg af met plasticfolie. Rol het stuk deeg met je handen tot een touw van ongeveer 2,5 cm breed. Snijd stukjes deeg van 2,5 cm van het touw. Rol de gesneden gnocchi voorzichtig met een gnocchibord over het bord om een gestructureerd oppervlak te krijgen (u kunt een vork gebruiken). Leg de gnocchi van de geroosterde aardappel op de met bloem bestoven bakplaat en zorg ervoor dat de gnocchi elkaar niet raken, anders gaan ze aan elkaar plakken. Koel tot gebruik.

d) Om de artisjokken te smoren, vul je een grote kom met water en pers je het sap van 1 citroen in de kom, waarbij je ook de citroenhelften erdoor gooit. Spoel elke artisjok af en snijd 12 mm van de steel af. Snijd 1 inch (2,5 cm) van de bovenkant van elke artisjok. Snijd vervolgens elke artisjok doormidden, van steel tot punt, en verwijder de choke met een lepel. Verwijder de taaie buitenste bladeren en snijd de buitenkant van de stengel af met een schilmesje. Voeg de voorbereide artisjokken toe aan de kom met citroenwater om te voorkomen dat ze bruin worden. Voeg in een grote pan op middelhoog vuur de olijfolie, ui, knoflook en peterselie toe en kook ongeveer 3 minuten of tot de ui glazig is. Voeg de schoongemaakte artisjokken en de witte wijn toe. Laat de witte wijn ongeveer 2 minuten tot de helft inkoken. Voeg de kippenbouillon, rasp van 1 citroen en boter toe,

e) Breng een grote pan gezouten water aan de kook.

f) Om de fonduta te maken, combineer de robiola en zware room in een grote sauteerpan op middelhoog vuur. Kook, regelmatig zwaaiend, tot de kaas gesmolten en glad is, ongeveer 10 minuten. Zet het vuur laag om de saus warm te houden terwijl de gnocchi koken.

g) Leg de gnocchi voorzichtig in het kokende water en kook tot ze gaar zijn, ongeveer 2 tot 3 minuten. Voeg de gesmoorde artisjokken, kappertjes en gnocchi toe aan de robiolasaus en hussel alles door elkaar.

h) Verdeel de gnocchi over kommen om te serveren. Garneer met gehakte peterselie en versgemalen zwarte peper.

29. Kikkererwtengnudi met tomaten

DIENT 4-6

Ingrediënten

- 2 kopjes (454 g) ricotta kaas

- 1 eigeel

- Koosjer zout

- Vers gemalen zwarte peper

- $1\frac{1}{2}$ kopjes (252 g) griesmeel

- $1\frac{1}{2}$ kopjes (138 g) kikkererwtenmeel

- 1 lb (454 g) baby-erfstuktomaten, gehalveerd

- 2 teentjes knoflook, in dunne plakjes

- Basilicum, gescheurd

- $\frac{1}{4}$ kopje (59 ml) olijfolie

- Koosjer zout

- Vers gemalen zwarte peper

- Pecorino Romano, om te raspen

Routebeschrijving
a) Bestuif twee bakplaten met griesmeel.

b) Om de gnudi te maken, meng je de ricotta, eidooier, zout en versgemalen zwarte peper in een kom tot alles goed gemengd is. Voeg het griesmeel en het kikkererwtenmeel toe en roer tot alles net gemengd is en het mengsel een bal vormt.

c) Vorm met je handen of een kleine schep het mengsel tot balletjes van 2,5 cm (ze moeten iets kleiner zijn dan een golfbal). Leg ze op de met griesmeel bestoven bakplaten. Bestuif met meer griesmeel. Zorg ervoor dat de gnudi elkaar niet raken, anders blijven ze aan elkaar plakken. Koel tot klaar om te koken.

d) Voeg in een grote mengkom de tomaten, knoflook, basilicum, olijfolie, zout en versgemalen zwarte peper toe. Laat het ongeveer 10 minuten marineren.

e) Zodra het water snel kookt, zet je het vuur laag en laat je de gnudi voorzichtig in het water koken en ongeveer 1 tot 2 minuten koken of tot ze drijven. Voeg met een schuimspaan de gnudi van de kikkererwten toe aan de kom met de gemarineerde heirloom-tomaten en gooi om te combineren.

f) Verdeel de gnudi over borden om te serveren. Garneer met vers geraspte Pecorino Romano.

30. Gnocchi verdi met provolone fonduta

DIENT 4-6

Ingrediënten
- 1 lb (455 g) Yukon goudaardappelen
- Olijfolie
- ¼ lb (113 g) verse spinazie
- 1¼ kopjes (210 g) griesmeel, plus meer om te bestuiven
- 1 kop (227 g) ricotta kaas
- 2 eieren
- ⅛ theelepel vers geraspte nootmuskaat
- Koosjer zout
- Vers gemalen zwarte peper
- 8 oz (227 g) provolone kaas
- 1 kop (237 ml) zware room
- Vers gemalen zwarte peper

Routebeschrijving
a) Bestuif twee bakplaten met griesmeel.
b) Bedek de aardappelen in een middelgrote pan met koud water. Breng het water aan

de kook op hoog vuur en kook tot de aardappelen gaar zijn, ongeveer 15 minuten. Laat goed uitlekken en zet opzij tot het voldoende is afgekoeld om te verwerken. Voeg ondertussen in een braadpan de olijfolie en spinazie toe. Kook tot het geslonken is. Schil de aardappelen en haal het vruchtvlees door een aardappelpers (of pureer met de achterkant van een vork) en meng de aardappelpuree, de geslonken spinazie, het griesmeel, de ricotta, de eieren, de nootmuskaat, het zout en de versgemalen zwarte peper in een kom tot ze net gemengd zijn. Kneed het deeg op een licht met bloem bestoven oppervlak ongeveer 3 minuten licht

c) Snijd voor de gnocchi een klein stukje gnocchideeg af en dek de rest af met plasticfolie. Rol het stuk deeg met je handen tot een touw van ongeveer 2,5 cm breed. Snijd stukjes deeg van 2,5 cm van het touw. Rol met een gnocchiplank de gesneden gnocchi voorzichtig over de plank om een gestructureerd oppervlak te krijgen (je kunt ook een vork gebruiken). Leg de gnocchi op een met griesmeel bestoven bakblik en zorg ervoor dat de gnocchi elkaar niet raken, anders gaan ze aan elkaar plakken. Koel tot gebruik.

d) Om de saus te maken, combineer de provolone en slagroom in een grote sauteerpan op middelhoog vuur. Kook, regelmatig zwaaiend, tot de kaas gesmolten en glad is, ongeveer 10 minuten. Zet het vuur laag om de saus warm te houden terwijl de gnocchi koken.

e) Breng een grote pan gezouten water aan de kook. Leg de gnocchi voorzichtig in het kokende water en kook tot ze gaar zijn, ongeveer 2 tot 3 minuten.

f) Verdeel de gnocchi over kommen om te serveren. Schep de fonduta erover en garneer met versgemalen zwarte peper.

31. Citroengnocchi met coquilles

DIENT 4-6

Ingrediënten

- 1 lb (454 g) roodbruine aardappelen
- 2 eieren
- Koosjer zout
- Vers gemalen zwarte peper
- 2 Meyer-citroenen, geraspt
- 1¼ kopjes (210 g) griesmeel, plus meer om te bestuiven
- ½ kopje (10 g) verse peterselie
- 1 kop (151 g) verse erwten
- ½ kopje (115 g) ongezouten boter
- Olijfolie
- 8-12 sint-jakobsschelpen
- 8 oz (227 g) guanciale, in stukken van ½-inch (12 mm) gesneden
- Italiaanse bladpeterselie, fijngehakt
- 1 citroen, geraspt

Routebeschrijving

a) Bestuif twee bakplaten met griesmeel. Om het gnocchi-deeg te maken, bedek je de aardappelen in een middelgrote pan met koud water. Breng het water aan de kook op hoog vuur en kook tot de aardappelen gaar zijn, ongeveer 15 minuten. Laat goed uitlekken en zet opzij tot het voldoende is afgekoeld om te verwerken. Schil de aardappelen en haal het vruchtvlees door een aardappelpers (of pureer met de achterkant van een vork) en meng de aardappelpuree, eieren, koosjer zout, versgemalen zwarte peper en citroenschil in een kom tot alles goed gemengd is. Voeg het griesmeel en de gehakte peterselie toe en roer tot alles net gemengd is en het mengsel een bal vormt. Kneed het deeg op een licht met bloem bestoven oppervlak ongeveer 3 minuten licht.

b) Snijd voor de gnocchi een klein stukje citroendeeg af en dek de rest af met plasticfolie. Rol het stuk deeg met je handen tot een touw van ongeveer 2,5 cm breed. Snijd stukjes deeg van 2,5 cm van het touw. Plaats de citroengnocchi op een met griesmeel bestoven bladvorm. Wikkel in plasticfolie en zet in de koelkast tot gebruik.

c) Zet een kom ijswater klaar. Blancheer de erwten door ze in kokend water te koken tot ze gaar zijn, ongeveer 1 tot 2 minuten. Haal ze uit het water en leg ze in een ijsbad. Als ze voldoende zijn afgekoeld, haal ze dan uit het water en leg ze apart in een kom.

d) Voeg in een grote sauteerpan op middelhoog vuur boter en ongeveer 1 eetlepel (15 ml) olijfolie toe. Bak de gnocchi in porties in ongeveer 3 tot 4 minuten aan elke kant goudbruin. Leg de krokante citroengnocchi op een bakplaat.

e) Om de sint-jakobsschelpen te schroeien, verwarm je een grote gietijzeren koekenpan op middelhoog vuur. Dep de sint-jakobsschelpen droog met keukenpapier en bestrooi ze gelijkmatig met koosjer zout en versgemalen zwarte peper. Voeg ongeveer 1 eetlepel (15 ml) olijfolie en de sint-jakobsschelpen toe aan de pan; bak 3 minuten aan elke kant of tot ze bruin zijn. Haal uit de pan; blijf warm.

f) , in een grote sauteerpan, op middelhoog vuur, voeg de guanciale toe en kook tot het knapperig is en het vet helemaal weg is. Voeg de gnocchi en de doperwten toe aan de pan met de guanciale. Gooi om te combineren. Verdeel voor het serveren de gnocchi en sint-jakobsschelpen over borden. Garneer met verse peterselie en citroenschil.

g)

GEVULDE PASTA

32. Polenta raviolo met guanciale

DIENT 4-6

Ingrediënten

- 1 liter (946 ml) water

- 1 kop (170 g) maïsmeel

- ¼ kopje (58 g) ongezouten boter

- ¼ kopje (45 g) geraspte Parmigiano-Reggiano

- 1 kop (227 g) ricotta

- Koosjer zout

- Vers gemalen zwarte peper

- 6–12 eidooiers

- Ravioli deeg

- 4 oz (113 g) guanciale, in stukken van ½-inch (12 mm) gesneden

- Olijfolie

- 1 lb (454 g) wilde paddenstoelen

- 3 takjes tijm

- Koosjer zout

- Vers gemalen zwarte peper

- Parmigiano-Reggiano, om te raspen

Routebeschrijving

a) Breng voor de vulling 4 kopjes (946 ml) water aan de kook. Klop langzaam de maizena erdoor en zet het vuur laag. Kook, onder regelmatig roeren, tot het mengsel indikt en zacht is, ongeveer 15 minuten. Voeg de boter en Parmigiano-Reggiano toe. Laat het mengsel afkoelen en voeg dan de ricotta, zout en versgemalen zwarte peper toe en meng goed.

b) Bestuif twee bakplaten met griesmeel.

c) Om de pasta te maken, rol je het deeg uit tot de vellen net doorschijnend zijn.

d) Snijd de uitgerolde vellen in stukken van 30 cm (12 inch) en dek de rest af met plasticfolie.

e) Leg de vellen op een droog werkoppervlak, en begin aan het ene uiteinde van het vel, gebruik een spuitzak of een lepel, verspreid ongeveer 3 eetlepels (45 g) vulling over de hele lengte van het pastavel, laat ongeveer 1 inch (2,5 cm) tussen elke klodder.

f) Maak vervolgens met je vingers een nest in de vulling. Leg in elk nest voorzichtig een eidooier en bedek de vulling met een ander vel pasta erover.

g) Gebruik indien nodig een scheutje water om het te verzegelen. Terwijl u de pasta over de vulling drapeert, drukt u voorzichtig naar beneden om te verzegelen en zorgt u ervoor dat er geen lucht in zit. Gebruik een ronde snijder van 7,5 cm om de raviolo uit te ponsen en plaats deze voorzichtig op de met griesmeel bestoven bakvorm, op een afstand van elkaar.

h) Breng een grote pan gezouten water aan de kook.

i) Voeg in een grote sauteerpan op middelhoog vuur de guanciale toe en kook tot ze knapperig zijn en het vet eruit is, ongeveer 5 minuten. Blijf warm. Voeg in een andere sauteerpan op middelhoog vuur een scheutje olijfolie, champignons, tijm, zout en versgemalen peper toe en kook tot ze gaar zijn, ongeveer 6 minuten.

j) Laat de pasta voorzichtig in het kokende water vallen en kook tot ze al dente zijn, ongeveer 2 minuten. Voeg de pasta toe aan de pan met de guanciale en schud de pan voorzichtig zodat de pasta bedekt raakt met het guanciale-vet.

k) Verdeel voor het serveren de pasta over borden. Garneer met champignons en vers geraspte Parmigiano-Reggiano.

33. Aubergine mezzaluna & gekonfijte tomaat

DIENT 4-6

Ingrediënten
- Olijfolie

- 2 aubergines, geschild en in blokjes gesneden

- 3 teentjes knoflook, fijngehakt

- 1 ui, gesnipperd

- Koosjer zout

- Vers gemalen zwarte peper

- ¼ kopje (45 g) Parmigiano-Reggiano

- 1 kop (130 g) geraspte mozzarella

- 4 pruimtomaten

- Olijfolie

- 3 takjes rozemarijn

- 3 takjes tijm

- 1 teen knoflook, in dunne plakjes

- ½ theelepels suiker

- Koosjer zout

- Vers gemalen zwarte peper

- Ravioli deeg

- 2 kopjes (50 g) basilicum

- ½ kopje (90 g) geraspte Parmigiano-Reggiano

- 2 teentjes knoflook

- ¼ kopje (32 g) pignoli-noten

- Koosjer zout

- Vers gemalen zwarte peper

- ⅔ kopje (160 ml) olijfolie

Routebeschrijving

a) Verwarm de oven voor op 325 ° F (163 ° C).

b) Voeg in een grote sauteerpan op middelhoog vuur een scheutje olijfolie, aubergine, knoflook, ui, zout en versgemalen zwarte peper toe. Kook tot de aubergine zacht is, ongeveer 8 minuten. Haal van het vuur en laat afkoelen. Meng in een kom de gekookte aubergine, Parmigiano-Reggiano en mozzarella.

c) Snijd voor de gekonfijte tomaten de tomaten in de lengte doormidden en schep de zaadjes eruit. Sprenkel wat olijfolie op een bakplaat en leg de tomaten met de snijkant naar beneden bij de rozemarijn, tijm en knoflook. Breng op smaak met suiker, zout en versgemalen zwarte peper. Bak tot ze verschrompeld en donkerrood zijn, ongeveer 45 minuten.

d) Bestuif twee bakplaten met griesmeel. Om de pasta te maken, rol je het deeg uit tot het vel net doorschijnend is.

e) Snijd de uitgerolde vellen in stukken van 30 cm (12 inch) en dek de rest af met plasticfolie. Leg de vellen op een droog werkoppervlak en snijd met een ronde snijder van 7,5 cm cirkels in het vel.

f) Plaats de vulling met behulp van een spuitzak of een lepel in het midden van de pastacirkel en laat ongeveer 6 mm rond de zijkanten. Om te verzegelen, vouwt u de cirkel om om een halve maanvorm te creëren en gebruikt u een vork om langs de randen te drukken om te verzegelen.

g) Gebruik indien nodig een scheutje water om het te verzegelen. Plaats de mezzaluna voorzichtig op de met griesmeel bestoven bakplaten, op afstand van elkaar.

h) Om de pesto te maken, in een keukenmachine, voeg je basilicum, geraspte Parmigiano-Reggiano, knoflook, pignoli-noten, koosjer zout en versgemalen zwarte peper toe. Giet langzaam de olijfolie erbij en verwerk tot het gepureerd is.

i) Breng een grote pan gezouten water aan de kook. Laat de pasta voorzichtig in het kokende water vallen en kook al dente, ongeveer 2 tot 3 minuten.

j) Voeg in een sauteerpan op laag vuur een scheutje olijfolie en de gekonfijte tomaten toe. Voeg de pasta toe aan de pan en schud de pan voorzichtig om te mengen met de tomaten. Breng op smaak met zout en versgemalen zwarte peper. Verdeel voor het serveren de pasta over borden. Garneer met pesto.

34. Pompoen & peer cappellacci

DIENT 4-6

Ingrediënten

- 1 butternutpompoen, in de lengte gehalveerd

- Olijfolie

- Koosjer zout

- Vers gemalen zwarte peper

- 3 Bosc-peren, geschild, zonder klokhuis en in plakjes

- ¼ theelepel geraspte nootmuskaat

- ½ kopje (90 g) geraspte Parmigiano-Reggiano

- 1 ei

- Ravioli deeg

- ¼ kopje (58 g) ongezouten boter

- 1 bosje salie

- Koosjer zout

- Vers gemalen zwarte peper

- Parmigiano-Reggiano, om te raspen

Routebeschrijving

a) Verwarm de oven voor op 375 ° F (190 ° C).

b) Om de vulling te maken, legt u de gesneden pompoen op een bakplaat en besprenkelt u de gesneden kant met olijfolie. Kruid met peper en zout. Kook ongeveer 45 minuten of tot ze gaar zijn. Terwijl de pompoen wordt afgekoeld, besprenkelt u de peren met olijfolie en kookt u tot ze zacht zijn, ongeveer 10 tot 15 minuten. Schep het vruchtvlees eruit en doe in een keukenmachine met de peren, olijfolie, nootmuskaat, Parmigiano-Reggiano en ei; pulseer tot een gladde massa. Kruid met zout en versgemalen peper.

c) Bestuif twee bakplaten met griesmeel.

d) Om de pasta te maken, rol je het deeg uit tot het vel net doorschijnend is.

e) Snijd de uitgerolde vellen in stukken van 30 cm (12 inch) en dek de rest af met plasticfolie. Leg de vellen op een droog werkoppervlak en snijd de pastavellen met een rechte wielsnijder of een mes in vierkanten van 5 cm.

f) Plaats met een spuitzak of een lepel ongeveer 1 eetlepel (15 g) vulling in het midden van elk vierkant en laat ongeveer 6 mm rond de zijkanten. Om te verzegelen, vouwt u het vierkant naar de tegenoverliggende hoek om een driehoekige vorm te vormen en gebruikt u uw vingers om langs de randen te drukken om te verzegelen.

g) Neem de twee tegenovergestelde uiteinden van de driehoek en knijp ze samen. Gebruik indien nodig een scheutje water om het te verzegelen. Plaats de cappellacci voorzichtig op de met griesmeel bestoven bakplaten, op afstand van elkaar.

h) Breng een grote pan gezouten water aan de kook. Laat de pasta voorzichtig in het water vallen en kook al dente, ongeveer 2 tot 3 minuten.

i) Voeg in een grote sauteerpan op middelhoog vuur de boter en salie toe en kook tot de boter bruin is en een nootachtig aroma heeft, ongeveer 3 tot 4 minuten. Voeg de pasta toe aan de pan en roer om te combineren. Breng op smaak met zout en versgemalen zwarte peper.

j) Verdeel voor het serveren de pasta over borden. Garneer met wat geraspte Parmigiano-Reggiano.

35. Kalfsagnolotti met pecorino

DIENT 4-6

Ingrediënten
- Olijfolie

- 1 lb (454 g) gemalen kalfsvlees

- 3 teentjes knoflook, gesnipperd

- 1 lb (454 g) mosterdgroen, gehakt

- 1 theelepel vers geraspte nootmuskaat

- 1 bosje Italiaanse bladpeterselie, fijngehakt

- Koosjer zout

- Vers gemalen zwarte peper

- $\frac{1}{2}$ kopje (50 g) geraspte Pecorino Romano

- Ravioli deeg

- $\frac{1}{4}$ kopje (58 g) ongezouten boter

- Pecorino Romano, om te raspen

- Babymosterdgroenten

Routebeschrijving
a) Voeg voor de vulling in een sauteerpan op middelhoog vuur een scheutje olijfolie en

kalfsvlees toe. Bak tot ze bruin zijn, ongeveer 8 tot 10 minuten.

b) Giet het overtollige vet af en zet apart. Voeg in een sauteerpan op middelhoog vuur een scheutje olijfolie, knoflook, mosterdgroen, nootmuskaat en peterselie toe.

c) Kook tot de peterselie geslonken is, ongeveer 2 tot 3 minuten. Kruid met zout en versgemalen peper. Voeg de greens toe aan het gekookte kalfsvlees. Roer de geraspte Pecorino Romano erdoor. Doe het mengsel van kalfsvlees en mosterdgroen in een keukenmachine en pulseer tot het een geheel is.

d) Bestuif twee bakplaten met griesmeel.

e) Om de pasta te maken, rol je het deeg uit tot het vel net doorschijnend is.

f) Snijd de uitgerolde vellen in stukken van 30 cm (12 inch) en dek de rest af met plasticfolie. Leg de vellen op een droog werkoppervlak en snijd de pastavellen met een rechte wielsnijder of een mes in de lengte in twee stroken van 7,5 cm breed.

g) Leg met een spuitzak of een lepel de vulling in het midden van elk vel op een rij. Om de pasta af te sluiten, vouwt u de pasta over de vulling naar de andere kant en laat u ongeveer 6 mm deeg bloot. Gebruik indien nodig een scheutje water om het te verzegelen.

h) Om de individuele agnolotti te vormen, knijpt u het deeg samen met uw duim en wijsvinger. Werk je een weg naar beneden over de hele lengte van het vel, sluit ze afzonderlijk af en knijp ze samen om pasta's van 5 cm te maken.

i) Gebruik een geribbeld pastawiel om de rand van het deeg over de hele lengte af te snijden en zo dicht mogelijk bij de vulling te komen. Om de pasta in individuele agnolotti te snijden, gebruik een geribbeld mes, snel en krachtig, snijd ze direct in het midden van het snuifje. Plaats de agnolotti voorzichtig op de met griesmeel bestoven bakplaten, op afstand van elkaar.

j) Breng een grote pan met gezouten water aan de kook. Laat de pasta voorzichtig in het water vallen en kook al dente, ongeveer 2 tot 3 minuten.

k) Ondertussen, in een grote sauteerpan op middelhoog vuur, voeg de boter toe en smelt. Voeg vervolgens de gekookte pasta toe en hussel door elkaar.

l) Verdeel voor het serveren de pasta over borden. Garneer met geraspte Pecorino Romano en wat babymosterdgroen.

36. Prosciutto caramelle met fonduta

DIENT 4-6

Ingrediënten
- Olijfolie

- 1 lb (454 g) prosciutto, in kleine blokjes gesneden

- 1 kop radicchio, fijngesneden

- 2 kopjes (454 g) ricotta

- Koosjer zout

- Vers gemalen zwarte peper

- Ravioli deeg

- 8 oz (227 g) Gorgonzola

- ¼ kopje (59 ml) slagroom

- Vers gemalen zwarte peper

- 1 citroen, geraspt

Routebeschrijving
a) Om de vulling te maken, in een grote sauteerpan op hoog vuur, voeg een scheutje olijfolie en prosciutto toe en kook tot ze knapperig zijn, ongeveer 3 tot 4 minuten. Voeg vervolgens radicchio

toe en kook tot het geslonken is, ongeveer 2 minuten. Haal van het vuur.

b) Meng in een kom de prosciutto, radicchio en ricotta en breng op smaak met zout en versgemalen zwarte peper.

c) Bestuif twee bakplaten met griesmeel.

d) Om de pasta te maken, rol je het deeg uit tot het vel net doorschijnend is.

e) Snijd de uitgerolde vellen in stukken van 30 cm (12 inch) en dek de rest af met plasticfolie.

f) Leg de vellen op een droog werkoppervlak en snijd de pastavellen met een rechte wielsnijder of een mes in rechthoeken van 7,5 cm lang en 5 cm breed. Plaats met behulp van een spuitzak of een lepel blokken van 5 cm vulling over de lengte van de rechthoek dicht bij de rand, laat ongeveer 12 mm ruimte aan elke kant.

g) Om af te sluiten, vouwt u de onderkant over de vulling en rolt u de pasta voorzichtig van u af tot een buisvormige vorm. Gebruik indien nodig een scheutje water om het te verzegelen.

h) Knijp de zijkanten naar beneden, sluit het deeg af waar de vulling eindigt en gebruik je duimen om beide uiteinden samen te knijpen, en draai ongeveer 180 graden en knijp opnieuw. Plaats de karamel voorzichtig op de met griesmeel bestoven bakplaten, op afstand van elkaar.

i) Breng een grote pan gezouten water aan de kook. Laat de pasta voorzichtig in het water vallen en kook al dente, ongeveer 2 tot 3 minuten.

j) Om de fonduta te maken, combineer de gorgonzola en slagroom in een grote sauteerpan op middelhoog vuur. Kook, regelmatig zwaaiend, tot de kaas gesmolten en glad is, ongeveer 10 minuten.

k) Zet het vuur laag en houd warm terwijl de pasta kookt. Voeg vervolgens de gekookte pasta toe en hussel door elkaar.

l) Verdeel de pasta over kommen om te serveren. Garneer met versgemalen zwarte peper en citroenschil.

37. Anolini in brodo

DIENT 4-6

Ingrediënten

- ¼ kopje (58 g) ongezouten boter
- 1 teen knoflook, gesnipperd
- 1 lb (454 g) rundergehakt
- Koosjer zout
- Vers gemalen zwarte peper
- ½ kopje (60 g) broodkruimels
- ½ kopje (90 g) Parmigiano-Reggiano
- Olijfolie
- 2 teentjes knoflook, gesnipperd
- 2 stengels bleekselderij, in kleine blokjes gesneden
- 2 wortelen, in kleine blokjes gesneden
- 1 ui, klein gesneden
- 1 bosje peterselie, fijngehakt
- Koosjer zout
- Vers gemalen zwarte peper

- Ravioli deeg

- Parmigiano-Reggiano, om te raspen

- Italiaanse bladpeterselie, fijngehakt

Routebeschrijving

a) Bestuif twee bakplaten met griesmeel.

b) Smelt voor de vulling de boter in een grote sauteerpan op middelhoog vuur. Voeg de knoflook en het gehakt toe. Kook tot het gaar is, ongeveer 5 tot 8 minuten. Giet het overtollige vet af en breng op smaak met zout en versgemalen zwarte peper. Eenmaal enigszins afgekoeld, pulseer je in de keukenmachine met de broodkruimels en Parmigiano-Reggiano tot ze gecombineerd zijn.

c) Om de brodo te maken, in een grote pan op hoog vuur, een scheutje olijfolie, knoflook, selderij, wortelen, ui en peterselie toevoegen. Bedek met ongeveer 1,4 liter water en breng aan de kook. Verlaag vervolgens tot medium-laag en laat ongeveer 45 minuten sudderen.

Breng op smaak met zout en versgemalen zwarte peper.

d) Om de pasta te maken, rol je het deeg uit tot het vel net doorschijnend is.

e) Snijd de uitgerolde vellen in stukken van 30 cm (12 inch) en dek de rest af met plasticfolie. Leg de vellen op een droog werkoppervlak en begin aan het ene uiteinde van het vel en gebruik een spuitzak of een lepel om ongeveer $\frac{1}{2}$ theelepel vulling over de hele lengte van het pastavel in twee rijen te plaatsen, laat ongeveer $\frac{1}{2}$ inch (12 mm) tussen elke klodder.

f) Bedek de vulling met een ander vel pasta eroverheen. Gebruik indien nodig een scheutje water om het te verzegelen.

g) Terwijl u de pasta over de vulling drapeert, drukt u voorzichtig naar beneden om te verzegelen en zorgt u ervoor dat er geen lucht in zit. Gebruik een ronde uitsteekvorm van 2,5 cm om de anolini uit te ponsen en plaats ze voorzichtig op de met griesmeel bestrooide bakplaten, op een afstand van elkaar.

h) Breng de brodo weer aan de kook en doe voorzichtig de pasta erin en kook al dente, ongeveer 2 tot 3 minuten.

i) Verdeel de pasta met brodo over kommen om te serveren. Garneer met Parmigiano-Reggiano en gehakte peterselie.

38. Zoete erwtenraviolini met mascarpone

DIENT 4-6

Ingrediënten
- Olijfolie

- 4 kopjes (604 g) erwten

- Koosjer zout

- Vers gemalen zwarte peper

- 1 bosje munt

- 1½ kopjes (341 g) mascarpone

- ½ kopje (90 g) geraspte Parmigiano-Reggiano

- 1 citroen, sap en rasp

- Ravioli deeg

- 8 oz (227 g) waterkers

- 1 citroen, sap en rasp

- Koosjer zout

- Vers gemalen zwarte peper

- ¼ kopje (58 g) ongezouten boter

- Olijfolie

Routebeschrijving

a) Bestuif twee bakplaten met griesmeel.

b) Om de vulling te maken, in een grote sauteerpan op middelhoog vuur, besprenkel met olijfolie.

c) Voeg de erwten toe en kook tot ze heldergroen zijn, ongeveer 2 tot 5 minuten. Breng op smaak met zout en versgemalen zwarte peper. Pureer de gekookte erwten, muntblaadjes, mascarpone, Parmigiano-Reggiano en citroensap in een keukenmachine tot een samenhangend geheel. Bewaar ongeveer $\frac{1}{4}$ kop (60 g) vulling om een saus te maken.

d) Om de pasta te maken, rol je het deeg uit tot het vel net doorschijnend is. Snijd de uitgerolde vellen in stukken van 30 cm (12 inch) en dek de rest af met plasticfolie.

e) Leg de vellen op een droog werkoppervlak en begin aan het ene uiteinde van het vel, gebruik een spuitzak of een lepel om ongeveer 2 theelepels (10 g) vulling over de hele lengte van het pastavel in twee rijen te plaatsen, laat ongeveer 1 inch (2,5 cm) tussen elke klodder. Gebruik indien nodig een scheutje water om het te verzegelen.

f) Terwijl u de pasta over de vulling drapeert, drukt u voorzichtig naar beneden om te verzegelen en zorgt u ervoor dat er geen lucht in zit. Gebruik een ravioli-stempel van 5 cm of een pastawiel om vierkanten of cirkels van 5 cm te snijden en plaats de raviolini voorzichtig op de met griesmeel bestoven bakplaten, op afstand van elkaar.

g) Breng een grote pan gezouten water aan de kook. Laat de pasta voorzichtig in het water vallen en kook al dente, ongeveer 2 tot 3 minuten. In een grote sauteerpan, op middelhoog vuur, voeg boter toe en smelt. Voeg vervolgens de gekookte pasta toe aan de pan met gereserveerde vulling en gooi om te combineren.

h) Verdeel de pasta over borden. Meng in een kleine kom de waterkers met een scheutje olijfolie, citroensap, zout en versgemalen zwarte peper. Garneer de pasta met de gekonfijte waterkers.

39. Short rib & knolselderij ravioli

DIENT 4-6

Ingrediënten

- 3 lb (1,4 kg) korte ribben
- Koosjer zout
- Vers gemalen zwarte peper
- Olijfolie
- 2 wortelen, in blokjes gesneden
- 2 stengels bleekselderij, in blokjes gesneden
- 2 uien, gesnipperd
- 3 teentjes knoflook, gesnipperd
- 1 kop (237 ml) rode wijn
- 4 takjes tijm
- 1 bosje peterselie
- 4 takjes rozemarijn
- 1 laurierblad
- 3 eetlepels (10 g) instant espresso
- 1 qt (946 ml) runderbouillon

- 1 grote knolselderij

- 3 eetlepels (43 g) ongezouten boter

- ½ kopje (119 ml) slagroom

- 1 laurierblad

- Koosjer zout

- Vers gemalen zwarte peper

- Ravioli deeg

- ¼ kopje (58 g) ongezouten boter

- Bieslook, dun gesneden

Routebeschrijving

a) Verwarm de oven voor op 375 ° F (190 ° C). Kruid de ribben royaal met peper en zout. Verwarm een Nederlandse oven op hoog vuur en voeg een scheutje olijfolie toe.

b) Werk in porties, voeg de korte ribben toe en schroei ze aan alle kanten dicht, tot er een mooie bruine korst ontstaat. Verwijder en zet opzij. Voeg in dezelfde Nederlandse oven een scheutje olijfolie, wortelen, bleekselderij, uien en knoflook toe.

c) Kook tot ze zacht en gekleurd zijn, ongeveer 3 tot 4 minuten. Voeg rode wijn toe om de pan te blussen, gebruik een lepel om alle stukjes op de bodem weg te schrapen. Doe de shortribs terug in de pan en voeg dan de tijm, peterselie, rozemarijn, laurier, espresso, zout, versgemalen zwarte peper en voldoende runderbouillon toe om de shortribs te bedekken. Dek de pan af en plaats in de oven. Kook ongeveer 4 uur of tot het vlees gaar is. Verwijder het laurierblad voor het serveren.

d) Schil voor de puree van de knolselderij de knolselderij en snijd in middelgrote stukken. Voeg in een middelgrote pan op laag vuur de boter toe en snij de knolselderij.

e) Kook tot het zacht is, ongeveer 6 minuten. Voeg de slagroom en het laurierblad toe en laat ongeveer 2 minuten sudderen. Verwijder het laurierblad. Voeg de knolselderij en slagroom toe aan een keukenmachine en verwerk tot een gladde massa. Kruid met peper en zout.

f) Bestuif twee bakplaten met griesmeel. Om de pasta te maken, rol je het deeg uit tot het vel net doorschijnend is. Snijd de uitgerolde vellen in stukken van 30 cm (12 inch) en dek de rest af met plasticfolie.

g) Leg de vellen op een droog werkoppervlak en plaats aan het ene uiteinde van het vel een spuitzak of een lepel om ongeveer 2 eetlepels (30 g) knolselderijpuree over de hele lengte van het pastavel in twee rijen te verdelen, laat ongeveer 2,5 cm tussen elke klodder. Leg ongeveer 1 eetlepel (15 g) gesmoorde short rib op de knolselderij.

h) Terwijl u de pasta over de vulling drapeert, drukt u voorzichtig naar beneden om te verzegelen en zorgt u ervoor dat er geen lucht in zit. Gebruik indien nodig een scheutje water om het te verzegelen. Gebruik een ravioli-stempel van 10 cm of een pastawiel om vierkanten of cirkels van 10 cm te snijden en plaats de ravioli voorzichtig op de met griesmeel bestoven bakvormen, op afstand van elkaar.

i) Breng een grote pan gezouten water aan de kook. Smelt ondertussen in een kleine sauteerpan op middelhoog vuur de boter. Verdeel de pasta over kommen om te serveren. Garneer met gesmolten boter en bieslook.

40. Taleggio triangoli & varkensragout

DIENT 4-6

Ingrediënten

- 3 lb (1,4 kg) varkenswang
- Koosjer zout
- Vers gemalen zwarte peper
- Olijfolie
- 2 wortelen, in blokjes gesneden
- 1 stengel bleekselderij, in blokjes gesneden
- 1 ui, gesnipperd
- 3 teentjes knoflook, gesnipperd
- 1 blikje tomatenpuree van 170 g
- ½ kopje (118 ml) rode wijn
- 1 bosje Italiaanse bladpeterselie
- 3 takjes rozemarijn
- 4 takjes tijm
- 1 laurierblad
- 1 (28-oz [794-g]) blik geplette tomaten

- 3 kopjes (711 ml) runderbouillon
- Olijfolie
- 1 kop radicchio, in dunne plakjes
- 1 lb (454 g) Taleggio, geraspt
- 1 citroen, rasp en sap
- Ravioli deeg
- Italiaanse bladpeterselie, fijngehakt

Routebeschrijving

a) Verwarm de oven voor op 375 ° F (190 ° C).

b) Kruid voor de ragout van de varkenswang het varkensvlees royaal met zout en versgemalen zwarte peper. Voeg een scheutje olijfolie toe aan een Nederlandse oven op hoog vuur.

c) Werk in porties, voeg de varkenswangen toe en schroei ze aan alle kanten dicht, tot er een mooie bruine korst ontstaat. Verwijder en zet opzij. Voeg in dezelfde Nederlandse oven een scheutje olijfolie, wortel, bleekselderij, ui en knoflook toe.

d) Kook tot ze zacht en goudbruin zijn, ongeveer 3 tot 4 minuten. Voeg de tomatenpuree toe en roer constant om aanbranden te voorkomen. Voeg vervolgens rode wijn toe om de pan te blussen en gebruik een lepel om alle stukjes op de bodem weg te schrapen.

e) Doe de varkenswang terug in de pan en voeg de peterselie, rozemarijn, tijm, laurier, zout, versgemalen zwarte peper, geplette tomaten en voldoende runderbouillon toe om het varkensvlees te bedekken. Dek de pan af en plaats in de oven. Kook ongeveer 4 uur of tot het vlees gaar is.

f) Als het voldoende afgekoeld is om te hanteren, breek het vlees dan uit elkaar met twee vorken en verwijder het laurierblad. Blijf warm.

g) Voeg voor de vulling in een middelgrote sauteerpan een scheutje olijfolie en de radicchio toe. Kook tot het geslonken is, ongeveer 3 minuten. Laat afkoelen. Meng in een grote mengkom verwelkte radicchio, Taleggio, citroenschil en citroensap. Breng op smaak met zout en versgemalen zwarte peper.

h) Bestuif twee bakplaten met griesmeel.

i) Om de pasta te maken, rol je het deeg uit tot het vel net doorschijnend is.

j) Snijd de uitgerolde vellen in stukken van 30 cm (12 inch) en dek de rest af met plasticfolie. Leg de vellen op een droog werkoppervlak en snijd de pastavellen met een rechte wielsnijder of een mes in vierkanten van 3 inch (7,5 cm).

k) Leg met een spuitzak of een lepel ongeveer 1 theelepel vulling in het midden en laat ongeveer 6 mm deeg aan de rand bloot. Om te verzegelen, vouwt u het vierkant naar de tegenoverliggende hoek om een driehoekige vorm te vormen en gebruikt u uw vingers om langs de randen te drukken om te verzegelen.

l) Gebruik indien nodig een scheutje water om het te verzegelen. Snijd met een geribbeld mes langs de randen en laat ongeveer 6 mm pasta rond de vulling. Plaats de triangoli voorzichtig op de met griesmeel bestoven bakplaten, op afstand van elkaar.

m) Breng een grote pan gezouten water aan de kook. Laat de pasta voorzichtig in het water vallen en kook al dente, ongeveer 2 tot 3 minuten.

n) Voeg in een grote sauteerpan op middelhoog vuur wat varkensragout en de gekookte pasta toe. Gooi om te combineren.

o) Verdeel de pasta over kommen om te serveren. Garneer met gehakte peterselie.

41. Sunchoke cappelletti met appels

DIENT 4-6

Ingrediënten
- Olijfolie
- 4 lb (1,8 kg) sunchokes, gehakt
- 2 teentjes knoflook, gesnipperd
- 1 kop (227 g) ricotta
- Koosjer zout
- Vers gemalen zwarte peper
- Ravioli deeg
- Olijfolie
- 1 lb (454 g) boerenkool, gehakt
- 1 appel, in dunne schijfjes

Routebeschrijving
a) Om de vulling te maken, in een grote sauteerpan op middelhoog vuur, besprenkel met olijfolie en voeg de sunchokes toe. Kook tot ze zacht zijn, ongeveer 8 tot 10 minuten. Haal van het vuur en laat iets afkoelen.

b) In een keukenmachine, pulseer de sunchokes, knoflook en ricotta tot gecombineerd. Breng op smaak met zout en versgemalen zwarte peper.

c) Bestuif twee bakplaten met griesmeel.

d) Om de pasta te maken, rol je het deeg uit tot het vel net doorschijnend is.

e) Snijd de uitgerolde vellen in stukken van 30 cm (12 inch) en dek de rest af met plasticfolie. Leg de vellen op een droog werkoppervlak en snijd met een rond mes van 7,5 cm cirkels in de vellen.

f) Plaats met een spuitzak of een lepel ongeveer 1 theelepel vulling in het midden van de pastacirkel, laat ongeveer 6 mm rond de zijkanten. Vouw de cirkel om om een halve maanvorm te creëren en druk langs de randen om te verzegelen. Gebruik indien nodig een scheutje water om het te verzegelen.

g) Om de pastavorm te vormen, met de gebogen rand naar u toe, brengt u de twee punten bij elkaar en drukt u op.

Zorg ervoor dat de gebogen buitenrand omhoog is om een cirkelvorm te vormen. Leg de pasta op je werkblad en zorg ervoor dat deze op zichzelf staat. Breng de cappelletti voorzichtig over naar de met griesmeel bestrooide bakvormen, op afstand van elkaar.

h) Breng een grote pan water aan de kook. Ondertussen, in een grote sauteerpan, op middelhoog vuur, besprenkel met olijfolie. Voeg de boerenkool toe en bak tot deze begint te slinken. Zet het vuur uit en schep de appels erdoor. Kruid met zout en versgemalen peper.

i) Laat de pasta voorzichtig in het water vallen en kook al dente, ongeveer 2 tot 3 minuten. Gooi in de sauteerpan met de boerenkool en appels.

j) Verdeel voor het serveren de pasta, boerenkool en appels over kommen.

42. Faggotini met garnalen & courgette

DIENT 4-6

Ingrediënten
- VULLING
- Olijfolie
- 1 courgette, in kleine blokjes gesneden
- 1 lb (454 g) garnalen, gehakt
- 1 citroen, sap en rasp
- 1 bosje peterselie, fijngehakt
- 1 kop (227 g) ricotta kaas
- ½ kopje (90 g) Parmigiano-Reggiano
- Koosjer zout
- Vers gemalen zwarte peper
- FAGGOTIN
- Ravioli deeg
- 1 bosje dille, fijngehakt
-
- Dillebladeren, geplukt

Routebeschrijving

a) Besprenkel voor de vulling in een grote sauteerpan op middelhoog vuur de olijfolie. Fruit de courgette tot ze zacht zijn, ongeveer 5 tot 8 minuten. Opzij zetten. Besprenkel meer olijfolie en bak de garnalen tot ze gaar zijn, ongeveer 5 tot 8 minuten. Meng in een middelgrote kom de gehakte garnalen, courgette, citroen, peterselie, ricotta en Parmigiano-Reggiano tot alles goed gemengd is. Breng op smaak met zout en versgemalen zwarte peper.

b) Bestuif twee bakplaten met griesmeel.

c) Om het dilledeeg te maken, volg je de instructies voor Ravioli Dough, waarbij je de gehakte dille met de natte ingrediënten mengt.

d) Om de pasta te maken, rol je het deeg uit tot het vel net doorschijnend is.

e) Snijd de uitgerolde vellen in stukken van 30 cm (12 inch) en dek de rest af met plasticfolie. Leg de vellen op een droog werkoppervlak en snijd het deeg met een rechte wielsnijder of een mes in vierkanten van 3 inch (7,5 cm). Plaats met een spuitzak of een lepel ongeveer 1 eetlepel (15 g) vulling in het midden van het vierkant, laat ongeveer 12 mm rond de zijkanten. Breng de vier hoeken samen om een bundel te vormen. Knijp en draai aan de bovenkant om te verzegelen. Gebruik indien nodig een scheutje water om het te verzegelen. Plaats de faggotini voorzichtig op de met griesmeel bestoven bakplaten, op afstand van elkaar.

f) Breng een grote pan water aan de kook. Laat de pasta voorzichtig in het water vallen en kook al dente, ongeveer 2 tot 3 minuten.

g) Verdeel de pasta over kommen om te serveren. Garneer met dilleblaadjes.

43. Artisjok casonsei & ricotta

DIENT 4-6

Ingrediënten
- VULLING

- 2 lb (907 g) artisjokken

- 2 citroenen

- ¼ kopje (59 ml) olijfolie

- 1 ui, gesnipperd

- 2 teentjes knoflook, geplet

- 1 bosje Italiaanse bladpeterselie

- 1 kop (237 ml) witte wijn

- 1 kop (237 ml) kippenbouillon

- ½ kopje (115 g) ongezouten boter

- 2 kopjes (454 g) geitenmelkricotta

- CASONSEI

- Ravioli deeg

-

- Italiaanse bladpeterselie, fijngehakt

- ½ kopje (86 g) hazelnoten, gehakt

Routebeschrijving

a) Om de artisjokken te smoren, vul je een grote kom met water en het sap van 1 citroen; gooi er ook de citroenhelften door. Spoel elke artisjok af en snijd 12 mm van de steel af. Snijd 1 inch (2,5 cm) van de bovenkant van elke artisjok. Snijd vervolgens de artisjok doormidden, van de steel tot de punt, en verwijder de choke met een lepel.

b) Verwijder de taaie buitenste bladeren en snijd de buitenkant van de stengel af met een schilmesje. Voeg de voorbereide artisjokken toe aan de kom met citroenwater om te voorkomen dat ze bruin worden. Voeg in een grote sauspan op middelhoog vuur de olijfolie, ui, knoflook en peterselie toe en kook ongeveer 3 minuten of tot ze doorschijnend zijn. Voeg de schoongemaakte artisjokken en de witte wijn toe. Laat de witte wijn tot de helft inkoken, ongeveer 2 minuten.

c) Voeg de kippenbouillon, de schil van een citroen en de boter toe, dek af en kook ongeveer 20 minuten op laag vuur tot ze gaar zijn. Om de vulling te maken, pulseer je de gestoofde artisjokken in een keukenmachine met de ricotta tot ze gemengd zijn.

d) Bestuif twee bakplaten met griesmeel. Om de pasta te maken, rol je het deeg uit tot het vel net doorschijnend is.

e) Snijd de uitgerolde vellen in stukken van 30 cm (12 inch) en dek de rest af met plasticfolie. Leg de vellen op een droog werkoppervlak en snijd de pastavellen met een rechte wielsnijder of een mes in de lengte in twee stroken van 7,5 cm breed.

f) Plaats met behulp van een spuitzak of een lepel $1\frac{1}{2}$-inch (3,8-cm) vulling in het midden van elk vel op een rij, met ongeveer 1 inch (2,5 cm) tussen elke vulling. Om de pasta af te sluiten, vouwt u de pasta over de vulling naar de andere kant en drukt u met uw wijsvingers langs de zijkanten van de vulling, waarbij u de lucht eruit duwt en de pasta afsluit.

g) Werk je een weg naar beneden over de hele lengte van het vel en sluit elk blok vulling afzonderlijk af. Gebruik indien nodig een scheutje water om het te verzegelen. Gebruik een geribbeld pastawiel om de randen bij te snijden en laat ongeveer 6 mm tussen de vulling en de snede. Met de geribbelde rand van u af gericht, plaatst u uw wijsvingers op de randen en uw duimen achter de vulling.

h) Breng de hoeken dicht bij elkaar, maar niet tegen elkaar aan. Plaats de casonsei voorzichtig op de met griesmeel bestoven bakplaten, op afstand van elkaar. Breng een grote pan water aan de kook. Laat de pasta voorzichtig in het water vallen en kook al dente, ongeveer 2 tot 3 minuten.

i) Verdeel de pasta over kommen om te serveren. Garneer met peterselie en hazelnoten.

44. Varkensvlees & Pastinaak Tortelli Met Appels

DIENT 4-6

Ingrediënten
- Olijfolie

- 1 lb (454 g) gemalen varkensvlees

- 3 teentjes knoflook, fijngehakt

- 3 pastinaken, in kleine blokjes gesneden

- Koosjer zout

- Vers gemalen zwarte peper

- 1 bosje Italiaanse bladpeterselie

- ½ kopje (90 g) geraspte Pecorino Romano

- Ravioli deeg

- ½ kopje (115 g) ongezouten boter

- 1 eetlepel (16 g) volkoren mosterd

- 1 groene appel, in dunne plakjes

- ½ kopje (58 g) walnoten, gehakt

Routebeschrijving
a) Voeg voor de vulling in een grote sauteerpan op hoog vuur een scheutje olijfolie, varkensvlees, knoflook,

pastinaak, zout en versgemalen zwarte peper toe. Kook tot het varkensvlees bruin is en de pastinaken zacht zijn, ongeveer 6 minuten. Doe in een keukenmachine met peterselie en Pecorino Romano en pulseer tot fijngemalen.

b) Bestuif twee bakplaten met griesmeel.

c) Om de pasta te maken, rol je het deeg uit tot het vel net doorschijnend is. Snijd de uitgerolde vellen in stukken van 30 cm (12 inch) en dek de rest af met plasticfolie.

d) Leg de vellen op een droog werkoppervlak en snijd de pastavellen met een rechte wielsnijder of een mes in de lengte in twee stroken van 7,5 cm breed. Plaats met behulp van een spuitzak of een lepel $1\frac{1}{2}$-inch (3,8-cm) vulling in het midden van elk vel op een rij, met ongeveer $\frac{1}{2}$ inch (12 mm) tussen elke vulling.

e) Om de pasta af te sluiten, vouwt u de pasta over de vulling naar de andere kant en drukt u met uw wijsvingers langs de zijkanten van de vulling, waarbij u de lucht eruit duwt en de pasta afsluit. Werk je een weg naar beneden over de hele lengte van het vel en sluit elk blok vulling afzonderlijk af.

f) Gebruik indien nodig een scheutje water om het te verzegelen. Gebruik een geribbeld pastawiel om de randen bij te snijden en laat ongeveer 6 mm tussen de vulling en de snede. Plaats de tortelli voorzichtig op de met griesmeel bestoven bakplaten, op afstand van elkaar.

g) Breng een grote pan gezouten water aan de kook.

h) Voeg intussen in een grote sauteerpan, op middelhoog vuur, de boter toe en kook tot het bruin is en een nootachtig aroma heeft, ongeveer 3 tot 4 minuten. Haal van het vuur, voeg volkoren mosterd toe en roer om te combineren.

i) Laat de pasta voorzichtig in het water vallen en kook al dente, ongeveer 2 tot 3 minuten. Voeg toe aan de pan met de bruine boter en meng om te combineren.

j) Verdeel de pasta over borden. Garneer met dun gesneden groene appels en walnoten.

45. Bieten en rozen scarpinocc

DIENT 4-6

Ingrediënten

- ½ kopje (115 g) boter

- 2 lb (907 g) bieten

- Olijfolie

- Koosjer zout

- Vers gemalen zwarte peper

- 3 eetlepels (48 ml) rozenwater

- 1½ kopjes (341 g) mascarpone

- 1½ kopjes (341 g) ricotta kaas

- Ravioli deeg

- ½ kopje (115 g) ongezouten boter

- 1 eetlepel (8 g) maanzaad

Routebeschrijving

a) Verwarm de oven voor op 425 ° F (218 ° C).

b) Voeg boter toe om de boter bruin te maken in een grote sauteerpan op middelhoog vuur. Kook tot het bruin is en een nootachtig aroma heeft, ongeveer 3 tot 4 minuten. Opzij zetten.

c) Om de vulling te maken, schept u de bieten in olijfolie, zout en versgemalen peper in een grote kom. Leg de bieten in een ovenschaal en dek ze goed af met folie. Rooster tot ze zacht zijn wanneer ze met een mes worden doorboord, 45 tot 60 minuten, afhankelijk van hun grootte.

d) Zet opzij tot ze voldoende afgekoeld zijn om te schillen en te hakken. Pulseer vervolgens in een keukenmachine de bieten met rozenwater en bruine boter tot ze gecombineerd zijn. Spatel de mascarpone en de ricotta erdoor in een kom. Kruid met zout en versgemalen peper.

e) Bestuif twee bakplaten met griesmeel.

f) Om de pasta te maken, rol je het deeg uit tot het vel net doorschijnend is. Snijd de uitgerolde vellen in stukken van 30 cm (12 inch) en dek de rest af met plasticfolie.

g) Leg de vellen op een droog werkoppervlak en snijd de pastavellen met een rechte wielsnijder of een mes in rechthoeken van 6 cm lang en 5 cm breed. Plaats met behulp van een spuitzak of een lepel $1\frac{1}{2}$-inch (3,8-cm) vulling in het midden van de rechthoek, laat ongeveer $\frac{1}{4}$ inch (6 mm) ruimte aan elke kant. Om af te sluiten, vouwt u de onderkant over de vulling en rolt u de pasta voorzichtig van u af tot een buisvormige vorm.

h) Gebruik indien nodig een scheutje water om het te verzegelen. Knijp de zijkanten naar beneden, verzegel het deeg waar de vulling eindigt, en gebruik je duimen om beide uiteinden samen te knijpen om een T-formatie te maken.

i) Druk voorzichtig in het midden van de vulling zodat er een kuiltje in de pasta ontstaat. Plaats de scarpinocc voorzichtig op de met griesmeel bestoven bakplaten, op afstand van elkaar.

j) Breng een grote pan gezouten water aan de kook. Laat de pasta voorzichtig in het water vallen en kook al dente, ongeveer 2 tot 3 minuten. Smelt ondertussen de boter in een middelgrote sauteerpan op middelhoog vuur. Voeg de pasta toe aan de sauteerpan en roer om te combineren.

k) Verdeel voor het serveren de pasta over borden. Garneer met maanzaad.

46. Culurgiones met boter en amandelen

DIENT 4-6

Ingrediënten

- 1 lb (454 g) Yukon-goudaardappels, geschild en in vieren

- Olijfolie

- 1 ei

- 1 kop (100 g) geraspte Pecorino Romano

- Koosjer zout

- Vers gemalen zwarte peper

- Griesmeeldeeg

- ½ kopje (115 g) boter

- ¼ kopje (43 g) amandelen, gehakt

- Pecorino Romano, om te raspen

Routebeschrijving

a) Doe de aardappelen in een grote pan om de vulling te maken. Bedek met koud water en kruid rijkelijk met zout.

b) Breng de pan met water aan de kook en kook tot de aardappelen gaar zijn, ongeveer 20 tot 25 minuten. Giet de aardappelen af en passeer ze door een voedselmolen of rijstmachine. Als de aardappelen gepureerd zijn, voeg je de olijfolie, het ei en de Pecorino Romano toe. Kruid met zout en versgemalen peper.

c) Bestuif twee bakplaten met griesmeel.

d) Om de pasta te maken, rol je het deeg uit tot het vel net doorschijnend is. Snijd de uitgerolde vellen in stukken van 30 cm (12 inch) en dek de rest af met plasticfolie.

e) Leg de vellen op een droog werkoppervlak en snijd met een rond mes van 7,5 cm cirkels in het vel. Plaats met een spuitzak of een lepel ongeveer 1 eetlepel (15 g) vulling in het midden van de pastacirkel en laat ongeveer 2,5 cm aan de zijkanten vrij.

f) Om vorm te geven, houd je de gevulde pasta rond in je hand als een taco, begin je het deeg aan de onderkant samen te knijpen, duw je omhoog terwijl je het volgende deel knijpt en werk je naar het andere uiteinde. Breng de culurgiones voorzichtig over naar de met griesmeel bestrooide bladpannen, op afstand van elkaar.

g) Breng een grote pan gezouten water aan de kook. Laat de pasta voorzichtig in het water vallen en kook al dente, ongeveer 2 tot 3 minuten.

h) Voeg boter toe om de boter bruin te maken in een grote sauteerpan op middelhoog vuur. Kook tot het bruin is en een nootachtig aroma heeft, ongeveer 3 tot 4 minuten. Gooi de pasta in de bruine boter.

i) Verdeel de pasta over kommen om te serveren. Garneer met amandelen en geraspte Pecorino Romano.

47. Pompoenravioli met erwten

Maakt 4 porties

Ingrediënten

- 1 kop pompoen
- 1/2 kop extra stevige tofu, verkruimeld
- 2 eetlepels gehakte verse peterselie
- Snuf gemalen nootmuskaat
- Zout en versgemalen zwarte peper
- 1 veganistischPasta deeg
- 2 of 3 middelgrote sjalotten, gesnipperd
- 1 kopje bevroren babyerwten, ontdooid

Routebeschrijving

a) Meng in een keukenmachine de pompoen, tofu, edelgistvlokken, peterselie, nootmuskaat en zout en peper naar smaak. Opzij zetten.

b) Snijd het deeg in reepjes van 2 inch breed. Plaats 1 volle theelepel vulling op 1 pastastrook, ongeveer 2,5 cm van de bovenkant.

c) Leg nog een theelepel vulling op de pastastrook, ongeveer 2,5 cm onder de eerste lepel vulling.
d) Maak de randen van het deeg licht nat met water en leg een tweede strook pasta op de eerste, zodat de vulling bedekt is.
e) Druk de twee deeglagen tegen elkaar tussen de porties vulling. Gebruik een mes om de zijkanten van het deeg af te snijden om het recht te maken, en snijd dan dwars door het deeg tussen elke hoop vulling om vierkante ravioli te maken.
f) Leg de ravioli op een met bloem bestoven bord en herhaal met het resterende deeg en de saus. Opzij zetten.

g) Verhit de olie in een grote koekenpan op middelhoog vuur. Voeg sjalotten toe en kook, onder regelmatig roeren, ongeveer 15 minuten, of tot de sjalotten diep goudbruin maar niet verbrand zijn. Voeg de erwtjes toe en breng op smaak met peper en zout.

h) Kook de ravioli in een grote pan kokend gezouten water tot ze boven komen drijven, ongeveer 5 minuten. Giet goed af en meng met de sjalotten en erwten in de pan.

i) Kook een minuut of twee om de smaken te laten vermengen voordat je ze overbrengt naar een grote serveerschaal.

j) Serveer onmiddellijk.

PASTA SNIJDEN

48. Fettuccine met scheermessen

DIENT 4-6

Ingrediënten
- 1 lb (454 g) Parmigiano-Reggiano korst
- 1 Eetlepel zwarte peperkorrels
- 2 qt (1,9 L) water
- 1 bol knoflook
- Olijfolie
- Ei Deeg
- Olijfolie
- 1 bol venkel, in plakjes
- 1 ui, klein gesneden
- 2 teentjes knoflook, gehakt
- 4 lb (1,8 kg) scheermessen
- 4 oz (113 g) baccala
- 1 kop (237 ml) witte wijn
- 1 bosje dille, fijngehakt
- Koosjer zout
- Vers gemalen zwarte peper

- Italiaans brood

- Extra vergine olijfolie

Routebeschrijving

a) Om de bouillon te maken, voeg je de Parmigiano-Reggiano-schillen en peperkorrels toe aan water in een grote sauspan op middelhoog vuur. Aan de kook brengen. Zet het vuur lager en laat sudderen, af en toe roeren om te voorkomen dat de kaas aan de bodem van de pan blijft plakken. Kook tot de bouillon smaakvol is en gehalveerd, ongeveer 2 uur.

b) Verwarm de oven voor op 400 ° F (204 ° C). Snijd de bovenkant van de hele bol knoflook af. Leg op een stuk aluminiumfolie en besprenkel met olijfolie. Rooster ongeveer 45 minuten. Laat afkoelen en pers de kruidnagels in een kom en pureer. Bestuif twee bakplaten met griesmeel.

c) Om het geroosterde knoflookdeeg te maken, volg je de instructies voor Egg Dough, waarbij je de gepureerde geroosterde knoflook met de natte ingrediënten opneemt. Om de pasta te maken, rolt u het deeg uit tot het vel ongeveer 1,6 mm dik is.

d) Snijd de uitgerolde vellen in secties van 30 cm en werk in batches ongeveer 4 vellen op elkaar, waarbij u royaal griesmeel tussen de lagen bestuift. Vouw het deeg naar het midden en dan weer naar het andere uiteinde, als een letter, om 3 lagen te vormen. Snijd met een mes het gevouwen deeg in reepjes van ¼ inch (6 mm). Schud met je handen het griesmeel eraf en vorm de pasta tot kleine nestjes. Leg de fettuccine op de met griesmeel bestoven bakplaten.

e) Breng een grote pan water aan de kook.

f) Om de zeevruchten te koken, in een grote sauteerpan op middelhoog vuur, besprenkel de olijfolie. Voeg de venkel, ui en knoflook toe en kook tot ze zacht zijn, ongeveer 5 tot 8 minuten. Voeg de scheermessen, baccala en witte wijn toe.

g) Kook ongeveer 5 tot 8 minuten, tot de wijn is ingekookt en de alcohol is uitgekookt. Voeg de dille toe en breng op smaak met zout en versgemalen zwarte peper.

h) Laat de pasta voorzichtig in het water vallen en kook al dente, ongeveer 2 tot 3 minuten. Voeg vervolgens de gekookte pasta toe aan de zeevruchten en hussel door elkaar.

i) Verdeel de pasta over kommen om te serveren. Schep de bouillon op de pasta. Garneer met een stuk knapperig Italiaans brood en een scheutje extra vergine olijfolie.

49. Farfalle met geroosterde tomaten

DIENT 4-6

Ingrediënten
- Ei Deeg
- Olijfolie
- 1 teen knoflook, in dunne plakjes
- 1 lb (454 g) Roma-tomaten, gehalveerd
- 1 Calabrische chili, in dunne plakjes gesneden
- Koosjer zout
- Vers gemalen zwarte peper
- Extra vergine olijfolie
- Pecorino Romano, om te raspen
- Basilicum, gescheurd
- Bestuif twee bakplaten met griesmeel.

Routebeschrijving
a) Om de pasta te maken, rolt u het deeg uit tot het vel ongeveer 1,6 mm dik is.

b) Snijd de uitgerolde vellen in stukken van 30 cm (12 inch) en dek de rest af met plasticfolie. Snijd met een rechte wielsnijder de vellen in de lengte in stroken van 4 cm breed. Snijd vervolgens om de 5 cm over de stroken en maak rechthoeken.

c) Leg de rechthoek plat op tafel en plaats je wijsvinger in het midden en je duim en middelvinger aan weerszijden op het deeg. Breng vervolgens uw duim en middelvinger samen naar uw wijsvinger en knijp zachtjes in het samengeklonterde deeg om de vorm van een vlinderdas te vormen. Plaats de farfalle voorzichtig op de met griesmeel bestoven bladpannen, op afstand van elkaar.

d) Breng een grote pan gezouten water aan de kook.

e) Voeg in een grote sauteerpan, op hoog vuur, een scheutje olijfolie, knoflook, tomaten en chili toe. Breng op smaak met zout en versgemalen zwarte peper. Zet het vuur laag en houd warm terwijl je de pasta kookt.

f) Laat de pasta voorzichtig in het kokende water vallen en kook al dente, ongeveer 2 tot 3 minuten. Voeg de pasta toe aan de pan met de tomaten en hussel door elkaar.

g) Verdeel de pasta over kommen om te serveren. Garneer met een scheutje extra vergine olijfolie, geraspte Pecorino Romano en wat gescheurde basilicum.

50. Tagliatelle primavera

DIENT 4-6

Ingrediënten
- Ei Deeg
- Olijfolie
- 2 teentjes knoflook, in dunne plakjes
- 1 rode ui, in dunne ringen
- 1 groene courgette, in kleine blokjes gesneden
- 1 zomerpompoen, in kleine blokjes gesneden
- 1 rode paprika, in kleine blokjes gesneden
- 8 oz (227 g) cherrytomaatjes, gehalveerd
- 1 bos asperges, in plakjes
- 1 pond (454 g) spinazie
- Koosjer zout
- Vers gemalen zwarte peper
- Extra vergine olijfolie
- 1 citroen, geraspt

- Parmigiano-Reggiano, om te raspen

Routebeschrijving

a) Bestuif twee bakplaten met griesmeel.

b) Om de pasta te maken, rolt u het deeg uit tot het vel ongeveer 1,6 mm dik is.

c) Snijd de uitgerolde vellen in secties van 30 cm en werk in batches ongeveer 4 vellen op elkaar, waarbij u royaal griesmeel tussen de lagen bestuift.

d) Vouw het deeg naar het midden en dan weer naar het andere uiteinde, als een letter, om 3 lagen te vormen. Snijd met een mes het gevouwen deeg in reepjes van 6 mm breed. Schud met je handen het griesmeel eraf en vorm de pasta tot kleine nestjes. Leg de tagliatelle op de met griesmeel bestoven bakplaten.

e) Breng een grote pan gezouten water aan de kook.

f) Voeg in een grote sauteerpan een scheutje olijfolie, knoflook, rode ui, courgette, zomerpompoen, paprika, tomaten en asperges toe. Kook tot ze zacht zijn, ongeveer 5 minuten, en voeg dan de spinazie toe.

g) Breng op smaak met zout en versgemalen zwarte peper. Laat de pasta voorzichtig in het kokende water vallen en kook al dente, ongeveer 2 tot 3 minuten. Voeg de pasta toe aan de pan met alle groenten en hussel door elkaar.

h) Verdeel de pasta over kommen om te serveren. Garneer met wat extra vergine olijfolie, citroenschil en geraspte Parmigiano-Reggiano.

51. Spaghetti alla chitarra & gepocheerd ei

DIENT 4-6

Ingrediënten

- 3½ kopjes (868 g) koosjer zout

- 3 Eetlepels gemalen zwarte peper

- 2 takjes tijm

- 1 takje rozemarijn

- 3 eidooiers

- Ei Deeg

- 3 eetlepels (48 ml) inktvisinkt

- 1 eetlepel (16 ml) azijn

- 4-6 eieren

- Extra vergine olijfolie

- Geplette rode peper, naar smaak

- Koosjer zout

- Vers gemalen zwarte peper

Routebeschrijving

a) Meng voor de gezouten dooiers het zout, de peper, de tijm en de rozemarijn in een mengkom. Voeg vervolgens in een bak met een platte bodem ongeveer driekwart van het zoutmengsel toe. Maak met je handen individuele putjes voor de dooiers.

b) Leg de dooiers voorzichtig in het zout en bedek ze met het resterende zoutmengsel.

c) Dek de container af en zet 3 dagen in de koelkast. Na 3 dagen moet de dooier een beetje stevig aanvoelen. Haal ze voorzichtig uit het zout en borstel het overtollige eraf. Leg de dooiers afzonderlijk in een stuk kaasdoek of op een rooster om nog 3 dagen in de koelkast te drogen.

d) Om de inktvisspaghetti te maken, volg je de instructies voor Egg Dough, waarbij je de inktvisinkt met de natte ingrediënten opneemt. Om de pasta te maken, rolt u het deeg uit tot het vel ongeveer 1,6 mm dik is.

e) Bestuif twee bakplaten met griesmeel.

f) Als je het deeg met een chitarra snijdt, snijd dan de uitgerolde delen in dezelfde lengte als je chitarra.

g) Bestuif beide kanten van het deeg en de bovenkant van de draadjes royaal met griesmeel. Gebruik een deegroller om het deeg licht aan te drukken om het op zijn plaats te houden, zodat het er niet afglijdt. Druk vervolgens met meer kracht naar beneden om het deeg door de draden tot spaghetti te snijden.

h) Schud het overtollige griesmeel eraf en vorm kleine nestjes. Leg de spaghetti op de met griesmeel bestoven bakplaten.

i) Als u de spaghetti met de hand snijdt, snijdt u de uitgerolde vellen in secties van 30 cm en, werkend in batches, stapelt u ongeveer 4 vellen op elkaar, waarbij u royaal griesmeel tussen de lagen bestuift. Vouw het deeg naar het midden en dan weer naar het andere uiteinde, als een letter, om 3 lagen te vormen.

j) Snijd met een mes het gevouwen deeg in reepjes van 1,6 mm dik (ongeveer even groot als de dikte van het deeg). Schud met je handen het griesmeel eraf en vorm kleine nestjes. Plaats de spaghetti op de met griesmeel bestoven bladpan.

k) Breng een grote pan gezouten water aan de kook. Begin in de tussentijd met het pocheren van de eieren. Breng in een middelgrote pan water aan de kook met de azijn. Zet op een laag pitje en laat het water langzaam ronddraaien om een draaikolk te creëren. Werk in porties, breek het ei in het water en laat het ongeveer 3 minuten koken of tot het wit enigszins stevig is.

l) Verwijder voorzichtig met een schuimspaan en laat uitlekken op keukenpapier. Als alle eieren gaar zijn, laat je de pasta in het kokende water vallen.

m) Voeg in een grote braadpan de olijfolie en de geplette rode peper toe. Voeg de gekookte pasta toe aan de pan en roer om te combineren. Breng op smaak met zout en versgemalen zwarte peper.

n) Om te serveren, verdeel over kommen. Leg het gepocheerde ei voorzichtig op de pasta. Garneer met extra vergine olijfolie en geraspte gerookte eidooier.

52. Pappardelle & champignon bolognese

DIENT 4-6

Ingrediënten
- Olijfolie

- 3 teentjes knoflook, in dunne plakjes

- 2 wortelen, in kleine blokjes gesneden

- 2 stengels bleekselderij, in kleine blokjes gesneden

- 1 ui, klein gesneden

- 3 lb (1,4 kg) wilde paddenstoelen, in kleine blokjes gesneden

- Koosjer zout

- Vers gemalen zwarte peper

- 3 eetlepels (48 g) tomatenpuree

- 1 kop (237 ml) rode wijn

- 1 (28-oz [794-g]) blik geplette tomaten

- 1 bosje tijm

- 1 bosje Italiaanse bladpeterselie

- Ei Deeg

- Parmigiano-Reggiano, om te raspen
- Basilicum, in dunne plakjes gesneden

Routebeschrijving

a) Om de champignon Bolognese te maken, in een grote pan op middelhoog vuur, voeg een scheutje olijfolie toe. Voeg vervolgens de knoflook, wortelen, bleekselderij, ui en champignons toe. Breng op smaak met zout en versgemalen zwarte peper en kook tot ze zacht zijn, ongeveer 4 minuten. Voeg de tomatenpuree toe en kook ongeveer een minuut, onder regelmatig roeren.

b) Voeg de rode wijn toe en laat deze voor de helft inkoken, ongeveer 2 minuten. Voeg vervolgens de geplette tomaten, tijm en gehakte peterselie toe. Zet het vuur laag en laat ongeveer 45 minuten koken.

c) Bestuif twee bakplaten met griesmeel.

d) Om de pasta te maken, rolt u het deeg uit tot het vel ongeveer 1,6 mm dik is.

e) Snijd de uitgerolde vellen in secties van 30 cm en werk in batches ongeveer 4 vellen op elkaar, waarbij u royaal griesmeel tussen de lagen bestuift.

f) Vouw het deeg naar het midden en dan weer naar het andere uiteinde, als een letter, om 3 lagen te vormen. Snijd met een mes het gevouwen deeg in reepjes van 2,5 cm. Schud met je handen het griesmeel eraf en vorm de pasta tot kleine nestjes. Leg de pappardelle op de met griesmeel bestoven bakplaten.

g) Breng een grote pan gezouten water aan de kook.

h) Voeg in een grote sauteerpan, op middelhoog vuur, een scheutje olijfolie en wat paddenstoelen Bolognese toe. Laat de pasta voorzichtig in het kokende water vallen en kook al dente, ongeveer 2 tot 3 minuten. Voeg de pasta toe aan de pan met de saus en hussel door elkaar.

i) Verdeel de pasta over kommen om te serveren. Garneer met geraspte Parmigiano-Reggiano en basilicum.

j) Snijd met een scherp mes het gevouwen deeg in reepjes van 2,5 cm.

53. Cacao mafaldine met kwartel

DIENT 4-6

Ingrediënten

- 4 kwartels, ontbeend
- Koosjer zout
- Vers gemalen zwarte peper
- Olijfolie
- 1 wortel, in kleine blokjes gesneden
- 2 stengels bleekselderij, in kleine blokjes gesneden
- 1 ui, klein gesneden
- 3 teentjes knoflook, fijngehakt
- 8 oz (227 g) cherrytomaatjes
- 2 eetlepels (32 g) tomatenpuree
- 1 kop (237 ml) rode wijn
- 2 kopjes (472 ml) kippenbouillon
- 1 laurierblad
- 1 bosje tijm
- Ei Deeg

- 3 eetlepels (21 g) cacaopoeder

- 1 bosje bieslook, dun gesneden

- ½ kopje (58 g) walnoten, grof gehakt

Routebeschrijving

a) Verwarm de oven voor op 350 ° F (177 ° C).

b) Kruid voor de kwartelragout de kwartel royaal met zout en versgemalen zwarte peper. Voeg in een grote Nederlandse oven, op hoog vuur, een scheutje olijfolie en de kwartel toe. Bruin aan alle kanten, ongeveer 2 minuten per kant. Opzij zetten. Voeg in dezelfde pan een scheutje olijfolie, wortel, bleekselderij, ui, knoflook en tomaten toe.

c) Kook tot het zacht is, ongeveer 2 minuten. Voeg vervolgens de tomatenpuree toe en kook ongeveer 1 minuut, onder regelmatig roeren. Voeg de rode wijn toe en laat deze voor de helft inkoken, ongeveer 2 minuten. Voeg de kippenbouillon, laurier en tijm toe en breng op smaak met zout en versgemalen zwarte peper. Zet de kwartel terug in de Dutch Oven en breng aan de kook. Dek af en plaats in de oven.

d) Kook ongeveer 2 uur of tot het vlees gaar is. Verwijder het laurierblad voor het serveren.

e) Bestuif twee bakplaten met griesmeel.

f) Om het cacaodeeg te maken, volg je de instructies voor Egg Dough, waarbij je het cacaopoeder met de droge ingrediënten opneemt.

g) Om de pasta te maken, rol je het deeg uit tot het vel net doorschijnend is. Snijd de uitgerolde vellen in stukken van 30 cm (12 inch) en dek de rest af met plasticfolie.

h) Leg de vellen op een droog werkoppervlak en snijd de pastavellen met een geribbeld mes in de lengte in reepjes van 6 mm. Schud met je handen het griesmeel eraf en plaats de mafaldine op de met griesmeel bestoven bakplaten.

i) Breng een grote pan gezouten water aan de kook.

j) Voeg in een grote sauteerpan, op middelhoog vuur, wat van de kwartelragout toe. Laat de pasta voorzichtig in het kokende water vallen en kook al dente, ongeveer 2 tot 3 minuten. Voeg de gekookte pasta toe aan de ragu en hussel door elkaar.

k) Verdeel de pasta over kommen om te serveren. Garneer met bieslook en gehakte walnoten.

54. Kruidenfettuccine met mosselen

DIENT 4-6

Ingrediënten

- ½ kopje (118 ml) olijfolie
- 1 bosje Italiaanse bladpeterselie
- 1 bosje dille
- 1 bosje dragon
- Ei Deeg
- Olijfolie
- 3 teentjes knoflook, in dunne plakjes
- 3 lb (1,4 kg) mosselen
- 2 kopjes (472 ml) witte wijn
- Olijfolie
- 4 oz (113 g) spek, in -inch . gesneden
- (12 mm) stuks
- Koosjer zout
- Vers gemalen zwarte peper
- Espelette peper, naar smaak
- Italiaanse bladpeterselie, geplukt

Routebeschrijving

a) Voeg in een keukenmachine de olijfolie, peterselie, dille en dragon toe. Verwerk tot het helemaal glad is.

b) Volg voor het maken van het kruidendeeg de instructies voor:Ei Deeg, waarbij de gepureerde kruiden worden gemengd met de natte ingrediënten.

c) Bestuif twee bakplaten met griesmeel.

d) Om de pasta te maken, rolt u het deeg uit tot het vel ongeveer 1,6 mm dik is.

e) Snijd de uitgerolde vellen in secties van 30 cm en werk in batches ongeveer 4 vellen op elkaar, waarbij u royaal griesmeel tussen de lagen bestuift.

f) Vouw het deeg naar het midden en dan weer naar het andere uiteinde, als een letter, om 3 lagen te vormen. Snijd met een mes het gevouwen deeg in reepjes van $\frac{1}{4}$ inch (6 mm). Schud met je handen het griesmeel eraf en vorm de pasta tot kleine nestjes. Leg de fettuccine op de met griesmeel bestoven bakplaten.

g) Voeg in een grote pan, op hoog vuur, een scheutje olijfolie en de knoflook toe. Voeg dan de mosselen en de witte wijn toe. Dek af en laat de mosselen ongeveer 5 tot 6 minuten stomen. Zodra alle schelpen open zijn, haal je ze van het vuur en laat je ze afkoelen. Haal het vlees uit de schelpen en bewaar.

h) Breng een grote pan gezouten water aan de kook.

i) In een grote sauteerpan, op middelhoog vuur, voeg een scheutje olijfolie en het spek toe. Kook ongeveer 3 minuten en laat de pasta dan in het kokende water vallen. Kook tot al dente, ongeveer 2 tot 3 minuten. Voeg de pasta toe aan de sauteerpan met de mosselen en hussel om te combineren. Breng op smaak met zout en versgemalen zwarte peper.

j) Verdeel de pasta over kommen om te serveren. Garneer met Espelette peper en peterselie.

55. Pizzoccheri met grana padana

DIENT 4-6

Ingrediënten

- 1 kop (120 g) boekweitmeel

- 2¼ kopjes (286 g) 00 bloem

- 1 eetlepel (16 g) koosjer zout

- 14 eierdooiers

- 2 theelepels extra vergine olijfolie

- 1 lb (454 g) fingerling aardappelen

- 2 takjes rozemarijn

- Olijfolie

- 1 bos snijbiet, ribben verwijderd,

- in stukjes snijden

- 1 teen knoflook, fijngehakt

- Koosjer zout

- Vers gemalen zwarte peper

- ¼ kopje (58 g) ongezouten boter

- Grana Padano, om te raspen

Routebeschrijving

a) Meng voor het pizzoccheri-deeg het boekweitmeel, 00-bloem en zout op een droog werkoppervlak. Vorm een heuvel met een diameter van ongeveer 25 cm. Maak met je handen een kuiltje in het midden van het bloem-en-zoutmengsel. Giet langzaam de eidooiers en olie in het midden en klop zachtjes. Werk de bloem er geleidelijk door met je vingers of een vork. Combineer de bloem, eidooiers en olie tot ze volledig zijn opgenomen. Als het deeg aan je werkblad blijft plakken, voeg dan een beetje bloem toe. Als het deeg droog aanvoelt, spuit dan een beetje water om het samen te binden.

b) Zodra het deeg tot een bal is gevormd, begint u het te kneden door met de muis van uw hand naar beneden te duwen en het te draaien. Kneed het deeg ongeveer 10 tot 15 minuten. Het deeg is voldoende gekneed als het er glad uitziet en veert terug als je erop drukt.

c) Wikkel het deeg stevig in plasticfolie en laat het voor gebruik minimaal 30 minuten op kamertemperatuur rusten.

d) Voeg in een middelgrote pan, op hoog vuur, de fingerlings en rozemarijn toe met voldoende water om ze te bedekken. Aan de kook brengen. Kook tot de aardappelen gedeeltelijk gaar zijn, ongeveer 8 tot 10 minuten. Laat ze afkoelen en snijd ze dan in de lengte doormidden.

e) Bestuif twee bakplaten met griesmeel. Om de pasta te maken, rolt u het deeg uit tot het vel ongeveer 1,6 mm dik is.

f) Snijd de uitgerolde vellen in secties van 30 cm (12 inch) en stapel in batches ongeveer 4 vellen op elkaar, waarbij u royaal griesmeel tussen de lagen bestuift.

g) Snijd met een rechte wielsnijder het gestapelde deeg in reepjes van $\frac{1}{2}$-inch (12 mm) bij 3 inch (7,5 cm). Leg de pizzoccheri op de met griesmeel bestoven bakplaten.

h) Breng een grote pan gezouten water aan de kook. Voeg intussen in een grote sauteerpan op middelhoog vuur een scheutje olijfolie en de gesneden fingerlings toe (met de snijkant naar beneden).

i) Laat de aardappelen ongeveer 2 minuten bruin worden en voeg dan de snijbiet en knoflook toe. Breng op smaak met zout en versgemalen zwarte peper. Zet het vuur laag en laat de pasta in het kokende water vallen. Kook tot al dente, ongeveer 1 tot 2 minuten. Voeg de pasta toe aan de pan met de snijbiet en hussel door elkaar.

j) Voeg de boter toe en rasp er wat Grana Padano door. Om te serveren, verdeel over kommen. Garneer met meer geraspte Grana Padano.

56. Tagliarini met cerignola-olijven

DIENT 4-6

Ingrediënten
- Ei Deeg
- Olijfolie
- 1 teen knoflook, fijngehakt
- 1 kop (180 g) Cerignola-olijven, ontpit
- 4 ansjovisfilets, fijngehakt
- ¼ kopje (60 g) kappertjes, gehakt
- 1 bosje peterselie, fijngehakt
- Koosjer zout
- Vers gemalen zwarte peper
- ¼ kopje (45 g) geraspte Parmigiano-Reggiano
- Extra vergine olijfolie
- 1 citroen, geraspt

Routebeschrijving
a) Bestuif twee bakplaten met griesmeel.

b) Om de pasta te maken, rolt u het deeg uit tot het vel ongeveer 1,6 mm dik is.

c) Snijd de uitgerolde vellen in secties van 30 cm en werk in batches ongeveer 4 vellen op elkaar, waarbij u royaal griesmeel tussen de lagen bestuift.

d) Vouw het deeg naar het midden en dan weer naar het andere uiteinde, als een letter, om 3 lagen te vormen. Snijd met een mes het gevouwen deeg in reepjes van 3 mm (3 mm). Schud met je handen het griesmeel eraf en vorm de pasta tot kleine nestjes. Leg de tagliarini op de met griesmeel bestoven bakplaten.

e) Breng een grote pan gezouten water aan de kook.

f) Voeg in een grote sauteerpan, op middelhoog vuur, een scheutje olijfolie, knoflook, olijven, ansjovis, kappertjes, peterselie, zout en peper toe en roer om te combineren. Laat de pasta voorzichtig in het kokende water vallen en kook al dente, ongeveer 2 tot 3 minuten. Voeg de pasta toe aan de sauteerpan met geraspte Parmigiano-Reggiano en schep om te combineren.

g) Om te serveren, verdeel over kommen. Garneer met extra vergine olijfolie en citroenschil.

57. Spaghetti cacio e pepe

DIENT 4-6

Ingrediënten
- Ei Deeg

- ½ kopje (115 g) ongezouten boter

- Vers gemalen zwarte peper

- ¾ kopje (75 g) geraspte Pecorino

- Romano, plus meer voor garnering

- Extra vergine olijfolie

Routebeschrijving

a) Bestuif twee bakplaten met griesmeel.

b) Om de pasta te maken, rolt u het deeg uit tot het vel ongeveer 1,6 mm dik is.

c) Snijd de uitgerolde vellen in secties van 30 cm en werk in batches ongeveer 4 vellen op elkaar, waarbij u royaal griesmeel tussen de lagen bestuift.

d) Vouw het deeg naar het midden en dan weer naar het andere uiteinde, als een letter, om 3 lagen te vormen. Snijd met een mes het gevouwen deeg in reepjes van 1,6 mm dik (ongeveer even groot als de dikte van het deeg).

e) Schud met je handen het griesmeel eraf en vorm de pasta tot kleine nestjes. Leg de spaghetti op de met griesmeel bestoven bakplaten.

f) Breng een grote pan gezouten water aan de kook.

g) In een grote sauteerpan, op middelhoog vuur, voeg de boter toe en smelt. Laat intussen de pasta voorzichtig in het kokende water vallen en kook ze beetgaar, ongeveer 2 tot 3 minuten. Voeg de pasta toe aan de pan met de boter en roer door elkaar. Kruid rijkelijk met versgemalen zwarte peper en geraspte Pecorino Romano.

h) Verdeel de pasta over kommen om te serveren. Garneer met olijfolie en nog wat geraspte Pecorino Romano.

58. Kastanjestracci met varkensribbetjes

DIENT 4-6

Ingrediënten

- 4 lb (1,8 kg) varkensribbetjes

- Koosjer zout

- Vers gemalen zwarte peper

- Olijfolie

- 2 peren, klein in blokjes gesneden

- 3 teentjes knoflook, gesnipperd

- 1 ui, klein gesneden

- 2 wortelen, in kleine blokjes gesneden

- 2 stengels bleekselderij, in kleine blokjes gesneden

- 1 kop (237 ml) kippenbouillon

- 1 (28-oz [794-g]) blik geplette tomaten

- 1 bosje Italiaanse bladpeterselie

- Ei Deeg

- 3 eetlepels (17 g) kastanjemeel

- Olijfolie

- Italiaanse bladpeterselie, fijngehakt
- Parmigiano-Reggiano, om te raspen

Routebeschrijving

a) Verwarm de oven voor op 375 ° F (190 ° C).

b) Om de gesmoorde varkensribbetjes te maken, kruidt u de ribben royaal met zout en versgemalen zwarte peper. In een grote Nederlandse oven, op hoog vuur, voeg een scheutje olijfolie toe. Werk in porties, bruin de ribben, ongeveer 2 minuten aan elke kant, en zet opzij. Voeg nog een scheutje olijfolie, de peren, knoflook, ui, wortelen en bleekselderij toe en kook tot ze zacht zijn, ongeveer 3 tot 4 minuten.

c) Voeg vervolgens de kippenbouillon, tomaten en peterselie toe. Breng op smaak met zout en versgemalen zwarte peper. Dek af en plaats in de oven. Kook ongeveer 2 uur of tot het vlees van het bot valt. Laat afkoelen en gooi de ribben weg. Blijf warm.

d) Bestuif twee bakplaten met griesmeel.

e) Om het kastanjedeeg te maken, volg je de instructies voor Egg Dough, waarbij je het kastanjemeel met de droge ingrediënten mengt.

f) Om de pasta te maken, rolt u het deeg uit tot het vel ongeveer 1,6 mm dik is.

g) Snijd de uitgerolde vellen in stukken van 30 cm (12 inch) en dek de rest af met plasticfolie.

h) Leg de vellen op een droog werkoppervlak en gebruik een rechte wielsnijder of een mes om de pastavellen in vierkanten van 5 cm te snijden. Plaats de Stracci voorzichtig op de met griesmeel bestoven bakplaten, op afstand van elkaar.

i) Breng een grote pan gezouten water aan de kook.

j) Voeg in een grote sauteerpan, op middelhoog vuur, een scheutje olijfolie en wat van de gestoofde varkensrib-ragu toe. Laat de pasta voorzichtig in het kokende water vallen en kook al dente, ongeveer 2 tot 3 minuten. Voeg de pasta toe aan de pan met het varkensvlees en roer om te combineren.

k) Verdeel de pasta over kommen om te serveren. Garneer met peterselie en geraspte Parmigiano-Reggiano.

59. Kruidengarganelli met artisjokken

DIENT 4-6

Ingrediënten

- ½ kopje (118 ml) olijfolie
- 1 bosje Italiaanse bladpeterselie
- 1 bosje dille
- 1 bosje dragon
- Ei Deeg
- 2 citroenen, 1 uitgeperst, 1 geraspt
- 4 middelgrote artisjokken
- ¼ kopje (59 ml) olijfolie
- 1 ui, gesnipperd
- 2 teentjes knoflook, geplet
- 1 bosje peterselie
- 1 kop (237 ml) witte wijn
- 1 kop (237 ml) kippenbouillon
- ½ kopje (115 g) ongezouten boter
- Olijfolie
- 1 teen knoflook, in dunne plakjes

- 1 Meyer citroen, sap en zeste

- Koosjer zout

- Vers gemalen zwarte peper

- Pecorino Romano, om te raspen

Routebeschrijving

a) Voeg in een keukenmachine de olijfolie, peterselie, dille en dragon toe. Verwerk tot het helemaal glad is. Om de kruidengarganelli te maken, volg je de instructies voor Egg Dough, waarbij je de gepureerde greens opneemt met de natte ingrediënten.

b) Bestuif twee bakplaten met griesmeel. Om de pasta te maken, rolt u het deeg uit tot het vel ongeveer 1,6 mm dik is.

c) Snijd de uitgerolde vellen in stukken van 30 cm (12 inch) en dek de rest af met plasticfolie. Leg de vellen op een droog werkoppervlak en snijd de pastavellen met een rechte wielsnijder of een mes in vierkanten van 5 cm.

d) Plaats het geslepen vierkant diagonaal op je garganelli-bord zodat het op een diamant lijkt. Plaats de houten plug aan de onderkant van de diamant en krul deze over de bovenkant.

e) Rol de plug met zachte druk van u af om de buisachtige garganelli-vorm te vormen. Plaats de pasta op de met griesmeel bestoven bladpannen, op afstand van elkaar.

f) Om de artisjokken te smoren, vult u een grote kom met water en het sap van 1 citroen, en schept u ook de citroenhelften erdoor. Spoel elke artisjok af en snijd 12 mm van de steel af. Snijd 1 inch (2,5 cm) van de bovenkant van elke artisjok. Snijd vervolgens elke artisjok doormidden, van steel tot punt, en verwijder de choke met een lepel. Verwijder de taaie buitenste bladeren en snijd de buitenkant van de stengel af met een schilmesje.

g) Voeg de voorbereide artisjokken toe aan de kom met citroenwater om te voorkomen dat ze bruin worden. Voeg in een grote pan op middelhoog vuur de olijfolie, ui, knoflook en peterselie toe en kook ongeveer 3 minuten of tot ze doorschijnend zijn. Voeg de schoongemaakte artisjokken en de witte wijn toe.

h) Laat de witte wijn tot de helft inkoken, ongeveer 2 minuten. Voeg de kippenbouillon, schil van 1 citroen en boter toe; dek af en kook ongeveer 20 minuten op laag vuur, tot ze gaar zijn.

i) Breng een grote pan gezouten water aan de kook. In een grote sauteerpan, op middelhoog vuur, voeg een scheutje olijfolie, knoflook en gestoofde artisjokken toe. Laat de pasta voorzichtig in het kokende water vallen en kook al dente, ongeveer 2 tot 3 minuten.

j) Voeg de gekookte pasta toe aan de pan met citroensap en hussel om te combineren. Breng op smaak met zout en versgemalen zwarte peper.

k) Verdeel voor het serveren de pasta over borden. Garneer met citroenschil en geraspte Pecorino Romano.

60. Cappellacci & aubergine caponata

DIENT 4-6

Ingrediënten
- Ei Deeg
- Olijfolie
- 1 ui, klein gesneden
- 1 teen knoflook, fijngehakt
- 1 grote aubergine, geschild en in blokjes gesneden
- 3 eetlepels (48 g) tomatenpuree
- 3 eetlepels (45 g) kappertjes, fijngehakt
- 1 bosje Italiaanse bladpeterselie
- Koosjer zout
- Vers gemalen zwarte peper
- $\frac{1}{4}$ kopje (32 g) pignoli-noten, geroosterd
- Basilicum, gescheurd
- Parmigiano-Reggiano, om te raspen

Routebeschrijving
a) Bestuif twee bakplaten met griesmeel.

b) Om de pasta te maken, rolt u het deeg uit tot het vel ongeveer 1,6 mm dik is.

c) Snijd de uitgerolde vellen in stukken van 30 cm (12 inch) en dek de rest af met plasticfolie. Leg de vellen op een droog werkoppervlak en snijd met een ronde snijder van 5 cm cirkels in het vel. Om de pasta te vormen, wikkelt u elke ronde pastadeeg om uw wijsvinger tot een kegel met open punt.

d) Sluit de pasta aan de randen en krul voorzichtig de onderkant van de pasta op. Breng de cappellacci dei briganti voorzichtig over in de met griesmeel bestoven bakplaten, rechtopstaand en op afstand van elkaar.

e) Om de aubergine-caponata te maken, in een grote sauteerpan, op middelhoog vuur, voeg een scheutje olijfolie, ui, knoflook en aubergine toe. Kook tot de aubergine heel zacht is en uit elkaar valt, ongeveer 6 tot 8 minuten. Voeg vervolgens de tomatenpuree, kappertjes en peterselie toe en breng op smaak met zout en versgemalen zwarte peper. Blijf warm.

f) Breng een grote pan gezouten water aan de kook. Laat de pasta voorzichtig in het kokende water vallen en kook al dente, ongeveer 2 tot 3 minuten. Voeg de pasta toe aan de pan met de caponata en wat van het pastawater. Roer om te combineren.

g) Verdeel de pasta over kommen om te serveren. Garneer met pignoli-noten, basilicum en geraspte Parmigiano-Reggiano.

61. Inkt farfalle met octopus

DIENT 4-6

Ingrediënten
- Ei Deeg

- 3 eetlepels (48 ml) inktvisinkt

- 1 (3-lb [1,4 kg]) octopus

- ¼ kopje (59 ml) olijfolie

- 1 ui, in vieren

- 1 teen knoflook

- 1 bosje peterselie

- 1 kop (237 ml) witte wijn

- 2 laurierblaadjes

- 3 tomaten, in stukjes

- Olijfolie

- 1 bol venkel, in dunne plakjes, bladeren

- gereserveerd

- 1 Calabrische chili, in dunne plakjes gesneden

- 1 (15.5-oz [440-g]) blik kikkererwten

- Koosjer zout

- Vers gemalen zwarte peper

- 1 citroen, sap en rasp

Routebeschrijving

a) Om het inktvisdeeg te maken, volg je de instructies voor Egg Dough, waarbij je de inktvisinkt met de natte ingrediënten opneemt. Om de pasta te maken, rolt u het deeg uit tot het vel ongeveer 1,6 mm dik is.

b) Bestuif twee bakplaten met griesmeel.

c) Om de pasta te maken, snijdt u de uitgerolde vellen in secties van 30 cm en bedek de rest met plasticfolie. Snijd met een rechte wielsnijder de vellen in de lengte in stroken van 3,8 cm breed. Snijd vervolgens om de 5 cm over de stroken en maak rechthoeken.

d) Leg de rechthoek plat op tafel en plaats je wijsvinger in het midden en je duim en middelvinger aan weerszijden op het deeg. Breng vervolgens uw duim en middelvinger samen naar uw wijsvinger en knijp zachtjes in het opeengehoopte deeg om de vlinderdasvorm te vormen. Leg ze voorzichtig op de met griesmeel bestrooide bakplaten, op afstand van elkaar.

e) Om de octopus te smoren, in een grote pan, op hoog vuur, voeg de octopus, olijfolie, ui, knoflook, peterselie, witte wijn, laurierblaadjes en tomaten toe. Zet het vuur lager, dek af en laat het koken tot het gaar is, ongeveer $1\frac{1}{2}$ tot 2 uur. Snijd de afgekoelde octopus in stukjes. Verwijder het laurierblad voor het serveren.

f) Breng een grote pan gezouten water aan de kook.

g) Voeg in een grote gietijzeren pan, op hoog vuur, een scheutje olijfolie en de gesneden octopus toe. Char de octopus, kook ongeveer 1 minuut aan elke kant. Opzij zetten. Voeg in dezelfde pan op middelhoog vuur een scheutje olijfolie, venkel, chili en kikkererwten toe. Breng op smaak met zout en versgemalen zwarte peper.

h) Voeg de pasta voorzichtig toe aan het kokende water en kook al dente, ongeveer 2 tot 3 minuten. Voeg de gekookte pasta toe aan de pan met de kikkererwten en hussel door elkaar. Plaats de verkoolde octopus terug in de pan en gooi.

i) Verdeel voor het serveren de pasta over borden. Garneer met citroensap en citroenrasp.

62. Muntcorzetti met lamsworst

DIENT 4-6

Ingrediënten

- 1 bosje munt

- 1 kop (237 ml) witte wijn

- 3 kopjes (381 g) 00 bloem

- 2 eieren

- Olijfolie

- 1 pond lamsworst, verwijderd uit het omhulsel

- 3 teentjes knoflook, fijngehakt

- 1 lb (454 g) broccoli rabe, gehakt

- Citroen, sap en zeste

- Geplette rode peper, naar smaak

- Koosjer zout

- Vers gemalen zwarte peper

Routebeschrijving

a) Om het muntcorzetti-deeg te maken, combineer je de munt en witte wijn in een keukenmachine en pulseer je tot een gladde massa. Plaats de 00-bloem op een droog werkoppervlak.

b) Vorm een heuvel met een diameter van ongeveer 25 cm. Maak met je handen een kuiltje in het midden van de bloem. Giet de eieren en de munt/wijn-emulsie langzaam in het midden en klop zachtjes. Werk de bloem er geleidelijk door met je vingers of een vork.

c) Meng het bloem- en eimengsel tot het volledig is opgenomen. Als het deeg aan je werkblad blijft plakken, voeg dan een beetje bloem toe. Als het deeg droog aanvoelt, spuit dan een beetje water om het samen te binden.

d) Zodra het deeg tot een bal is gevormd, begint u het te kneden door met de muis van uw hand naar beneden te duwen en het te draaien. Kneed het deeg ongeveer 10 tot 15 minuten. Het deeg is voldoende gekneed als het er glad uitziet en veert terug als je erop drukt. Wikkel het deeg stevig in plasticfolie en laat het voor gebruik minimaal 30 minuten op kamertemperatuur rusten.

e) Bestuif twee bakplaten met griesmeel. Om de corzetti te maken, rolt u het deeg uit tot het vel ongeveer 1,6 mm dik is.

f) Snijd de uitgerolde vellen in stukken van 30 cm (12 inch) en dek de rest af met plasticfolie. Leg de vellen op een droog werkvlak en steek met behulp van een corzetti-stempel het deeg in rondjes met behulp van het onderste deel van de stempel.

g) Plaats de uitgesneden ronde tussen de twee delen van de stempel en oefen lichte druk uit. Als je geen corzetti-stempel hebt, kun je gewoon een ronde snijder van 5 cm gebruiken om cirkels te snijden. Leg de corzetti voorzichtig op de met griesmeel bestoven bakplaten en laat ze onbedekt tot ze klaar zijn om te koken.

h) Breng een grote pan gezouten water aan de kook. Voeg in een grote sauteerpan op middelhoog vuur een scheutje olijfolie, lamsworst en knoflook toe. Bak tot ze bruin zijn, ongeveer 5 tot 6 minuten. Voeg de broccoli rabe toe aan de pan met de worst en kook tot het geslonken is, ongeveer 2 tot 3 minuten.

i) Breng op smaak met citroensap, citroenrasp, gemalen rode peper, zout en versgemalen peper. Zet het vuur laag en houd warm.

j) Laat de pasta voorzichtig in het kokende water vallen en kook al dente, ongeveer 2 tot 3 minuten. Voeg de pasta toe aan de broccoli rabe pan en gooi om te combineren. Verdeel voor het serveren de pasta over borden.

63. Kruidenfazzoletti met tonijn

DIENT 4-6

Ingrediënten
- Ei Deeg
- Kruiden of eetbare bloemen
- Olijfolie
- 2 teentjes knoflook, gehakt
- 1 venkelknol, in dunne plakjes, bladeren
- gereserveerd
- 1 (5-oz [142-g]) blik tonijn in olijfolie
- 1 kop (180 g) Castelvetrano-olijven, ontpit en fijngehakt
- 1 citroen, sap en rasp
- Koosjer zout
- Vers gemalen zwarte peper

Routebeschrijving
a) Bestuif twee bakplaten met griesmeel.

b) Om de pasta te maken, rol je het deeg uit tot het vel net doorschijnend is.

c) Snijd de uitgerolde vellen in stukken van 30 cm (12 inch) en dek de rest af met plasticfolie.

d) Leg de vellen op een droog werkoppervlak en leg de kruiden over het hele vel, op afstand van elkaar. Leg er nog een pastavel op en druk aan om te sluiten. Haal het vel weer door de machine of rol het met de hand op om de kruiden in te sluiten. Gebruik een rechte wielsnijder of een mes om de pastavellen in vierkanten van 5 cm te snijden.

e) Plaats de fazzoletti voorzichtig op de met griesmeel bestoven bakplaten, op afstand van elkaar.

f) Breng een grote pan water aan de kook.

g) Voeg in een grote sauteerpan op middelhoog vuur een scheutje olijfolie, knoflook, venkel, tonijn en olijven toe. Laat de pasta voorzichtig in het kokende water vallen en kook al dente, ongeveer 2 tot 3 minuten. Voeg de pasta toe aan de pan en breng op smaak met citroensap, citroenrasp, zout en versgemalen zwarte peper.

h) Verdeel de pasta over kommen om te serveren. Garneer met venkelbladeren.

64. Sorprese met geroosterde pompoen

DIENT 4-6

Ingrediënten
- Olijfolie
- 2 teentjes knoflook
- 1 butternutpompoen, geschild en gesneden
- in blokjes van ½-inch (12 mm)
- Geplette rode peper, naar smaak
- Koosjer zout
- Vers gemalen zwarte peper
- Ei Deeg
- Olijfolie
- ¼ kopje (58 g) ongezouten boter
- Koosjer zout
- Vers gemalen zwarte peper
- ¼ kopje hazelnoten, gehakt, geroosterd
- Parmigiano-Reggiano, om te raspen
- Mint, gescheurd

Routebeschrijving

a) Verwarm de oven voor op 350 ° F (177 ° C).

b) Om de geroosterde flespompoen te maken, combineer olijfolie, knoflook, gesneden pompoen, gemalen rode peper, zout en versgemalen zwarte peper in een kom. Leg ze op een bakplaat en rooster ze in de oven tot ze zacht zijn, ongeveer 35 tot 40 minuten. Opzij zetten.

c) Bestuif twee bakplaten met griesmeel.

d) Om de pasta te maken, rolt u het deeg uit tot het vel ongeveer 1,6 mm dik is.

e) Snijd de uitgerolde vellen in stukken van 30 cm (12 inch) en dek de rest af met plasticfolie. Leg de vellen op een droog werkoppervlak en snijd de pastavellen met een rechte wielsnijder of een mes in vierkanten van 2,5 cm (1 inch).

f) Om de vorm te vormen, houdt u het deegvierkant in uw handen, vouwt u de tegenoverliggende hoeken om en knijpt u samen. Vouw vervolgens met de vrije hoeken in de tegenovergestelde richting en knijp samen. De vorm moet lijken op een stuk origami. Plaats de sorprese op de met griesmeel bestoven bladpannen, op afstand van elkaar.

g) Breng een grote pan gezouten water aan de kook.

h) Voeg in een grote sauteerpan, op middelhoog vuur, een scheutje olijfolie, boter en geroosterde pompoen toe en meng om te combineren. Laat de pasta voorzichtig in het kokende water vallen en kook al dente, ongeveer 2 tot 3 minuten. Voeg de gekookte pasta toe aan de sauteerpan en breng op smaak met zout en versgemalen zwarte peper.

i) Verdeel de pasta over kommen om te serveren. Garneer met gehakte hazelnoten, geraspte Parmigiano-Reggiano en munt.

GEBAKKEN PASTA

65. Ratatouille lasagne

DIENT 8-10

Ingrediënten
- Ei Deeg

- Extra vergine olijfolie

- 3 teentjes knoflook, gesnipperd

- 1 kop (237 ml) rode wijn

- 2 (28-oz [794-g]) blikken geplet

- tomaten

- 1 bos basilicum

- Koosjer zout

- Vers gemalen zwarte peper

- Olijfolie

- 1 aubergine, geschild en in kleine blokjes gesneden

- 1 groene courgette, in kleine blokjes gesneden

- 1 zomerpompoen, in kleine blokjes gesneden

- 2 tomaten, in kleine blokjes gesneden

- 4 teentjes knoflook, in plakjes
- 1 rode ui, in dunne ringen
- Koosjer zout
- Vers gemalen zwarte peper
- 3 kopjes (390 g) geraspte mozzarella

Routebeschrijving

a) Verwarm de oven voor op 177 ° C (350 ° F) en breng een grote pan gezouten water aan de kook.

b) Bestuif twee bakplaten met griesmeel. Om de pasta te maken, rolt u het deeg uit tot het vel ongeveer 1,6 mm dik is.

c) Snijd de uitgerolde vellen in secties van 30 cm en plaats ze op bakplaten tot je ongeveer 20 vellen hebt. Werk in batches, laat de vellen in het kokende water vallen en kook tot ze net buigzaam zijn, ongeveer 1 minuut. Leg op keukenpapier en dep droog.

d) Om de saus te maken, in een pan op middelhoog vuur, voeg de extra vergine olijfolie, knoflook toe en bak ongeveer een minuut of tot ze doorschijnend zijn. Voeg de rode wijn toe en laat deze voor de helft inkoken. Voeg vervolgens de geplette tomaten, basilicum en zout en peper toe. Laat het ongeveer 30 minuten op laag vuur sudderen.

e) Voeg voor de vulling in een grote sauteerpan op hoog vuur een scheutje olijfolie, aubergine, courgette, pompoen, tomaten, knoflook en rode ui toe. Breng op smaak met zout en versgemalen zwarte peper.

f) Om de saus in elkaar te zetten, plaats je de saus op de bodem van een ovenschaal van 9 × 13 inch (22,9 × 33 cm). Leg de pastavellen naar beneden, overlap ze een beetje en bedek de bodem van de schaal. Verdeel de ratatouille gelijkmatig over de pastavellen en strooi de mozzarella erover. Voeg de volgende laag pastavellen in de tegenovergestelde richting toe en herhaal deze lagen totdat je de bovenkant bereikt of alle vulling is gebruikt. Schep gelijkmatig wat saus over het bovenste vel en bestrooi met nog wat mozzarella.

g) Zet de lasagne in de oven en bak ongeveer 45 minuten tot 1 uur. Laat het ongeveer 10 minuten afkoelen voordat je het aansnijdt en serveert.

66. Aubergine cannelloni

DIENT 6-8

Ingrediënten
- Ei Deeg

- Olijfolie

- 3 teentjes knoflook, gesnipperd

- 1 kop (237 ml) rode wijn

- 2 (28-oz [794-g]) blikken geplette tomaten

- 1 bos basilicum

- Koosjer zout

- Vers gemalen zwarte peper

- Olijfolie

- 1 aubergine, geschild en in kleine blokjes gesneden

- 4 teentjes knoflook, in plakjes

- 3 takjes rozemarijn, fijngehakt

- 4 kopjes (908 g) ricotta kaas

- 1 kop (130 g) geraspte mozzarella

- Koosjer zout

- Vers gemalen zwarte peper

Routebeschrijving

a) Verwarm de oven voor op 177 ° C (350 ° F) en breng een grote pan gezouten water aan de kook.

b) Bestuif twee bakplaten met griesmeel. Om de pasta te maken, rolt u het deeg uit tot het vel ongeveer 1,6 mm dik is.

c) Snijd de uitgerolde vellen in stukken van 15 cm en plaats ze op de bakplaten tot je ongeveer 20 vellen hebt. Werk in batches, laat de vellen in het kokende water vallen en kook tot ze net buigzaam zijn, ongeveer 1 minuut. Leg op keukenpapier en dep droog.

d) Om de saus te maken, in een pan op middelhoog vuur, voeg de olijfolie en knoflook toe en bak ongeveer een minuut of tot ze glazig zijn. Voeg de rode wijn toe en laat deze voor de helft inkoken. Voeg vervolgens de geplette tomaten, basilicum, zout en peper toe. Laat het ongeveer 30 minuten op laag vuur sudderen.

e) Om de vulling te maken, in een grote sauteerpan op hoog vuur, voeg een scheutje olijfolie, aubergine, knoflook en rozemarijn toe en kook tot ze zacht zijn, ongeveer 4 tot 5 minuten. Laat afkoelen en meng in een kom met de ricotta en mozzarella. Breng op smaak met zout en versgemalen zwarte peper.

f) Om de saus in elkaar te zetten, plaats je de saus op de bodem van een ovenschaal van 9 × 13 inch (22,9 × 33 cm). Leg met het pastavel in de lengte ongeveer 3 eetlepels (45 g) vulling op de rand die het dichtst bij je is. Rol de pasta voorzichtig van je af, zodat de vulling erin zit. Leg de gevulde cannelloni in een enkele laag in de ovenschaal. Leg nog wat saus op de cannelloni en bestrooi met geraspte mozzarella.

g) Zet de cannelloni in de oven en bak ongeveer 45 minuten.

67. Spinazie & taleggio rotolo

DIENT 6-8

Ingrediënten
- Ei Deeg

- Olijfolie

- 3 teentjes knoflook, gesnipperd

- 1 kop (237 ml) rode wijn

- 2 (28-oz [794-g]) blikken geplet

- tomaten

- 1 bos basilicum

- Koosjer zout

- Vers gemalen zwarte peper

- Olijfolie

- 2 pond (907 g) spinazie

- 1 teen knoflook, fijngehakt

- Koosjer zout

- Vers gemalen zwarte peper

- 8 oz (227 g) Taleggio-kaas, geraspt

- 2 kopjes (454 g) ricotta van schapenmelk

- ½ kopje (90 g) geraspte Parmigiano-Reggiano

- 1 bosje basilicum, in dunne plakjes gesneden

- Parmigiano-Reggiano, om te raspen

- Basilicum, gescheurd

Routebeschrijving

a) Verwarm de oven voor op 177 ° C (350 ° F) en breng een grote pan gezouten water aan de kook.

b) Bestuif twee bakplaten met griesmeel. Om de pasta te maken, rolt u het deeg uit tot het vel ongeveer 1,6 mm dik is.

c) Snijd de uitgerolde vellen in stukken van 15 cm en plaats ze op de bakplaten tot je ongeveer 20 vellen hebt. Werk in batches, laat de vellen in het kokende water vallen en kook tot ze net buigzaam zijn, ongeveer 1 minuut. Leg op keukenpapier en dep droog.

d) Om de saus te maken, in een pan op middelhoog vuur, voeg de extra vergine olijfolie en knoflook toe en bak ongeveer een minuut of tot ze doorschijnend zijn. Voeg de rode wijn toe en laat deze voor de helft inkoken. Voeg vervolgens de geplette tomaten, basilicum, zout en peper toe. Laat het ongeveer 30 minuten op laag vuur sudderen.

e) Voeg voor de vulling in een grote sauteerpan op middelhoog vuur een scheutje olijfolie, spinazie en knoflook toe. Kook tot de spinazie geslonken is en breng op smaak met zout en versgemalen zwarte peper. Laat het afkoelen. Meng in een grote kom de spinazie met de Taleggio, ricotta, geraspte Parmigiano-Reggiano en basilicum.

f) Om de saus in elkaar te zetten, plaats je de saus op de bodem van een ovenschaal van 9 × 13 inch (22,9 × 33 cm). Leg met het pastavel in de lengte ongeveer 3 eetlepels (45 g) vulling op de rand die het dichtst bij je is.

g) Rol de pasta voorzichtig van je af, zodat de vulling erin zit. Snijd de rollen vervolgens in stukken van 7,5 cm. Leg de rotolo met de vulling naar boven in een enkele laag in de ovenschaal.

h) Schenk nog wat saus over de pasta en bestrooi met geraspte Parmigiano-Reggiano en basilicum.

i) Zet de rotolo in de oven en bak ongeveer 30 minuten. Garneer met nog wat verse basilicum.

68. Escarole en worst cannelloni

DIENT 6-8

Ingrediënten
- Ei Deeg

- 3 eetlepels (43 g) ongezouten boter

- 3 teentjes knoflook, gesnipperd

- 3 eetlepels (24 g) bloem

- 2 kopjes (472 ml) melk

- ¼ kopje (45 g) geraspte Parmigiano-Reggiano

- Koosjer zout

- Vers gemalen zwarte peper

- Olijfolie

- 8 oz (227 g) zoete Italiaanse worst

- 1 lb (454 g) broccoli rabe, gehakt

- 2 teentjes knoflook, gehakt

- Geplette rode peper, naar smaak

- Koosjer zout

- Vers gemalen zwarte peper

- 1 kop (227 g) ricotta

- ½ kopje (90 g) geraspte Parmigiano-Reggiano

- Basilicum, gescheurd

Routebeschrijving

a) Verwarm de oven voor op 177 ° C (350 ° F) en breng een grote pan gezouten water aan de kook.

b) Bestuif twee bakplaten met griesmeel. Om de pasta te maken, rolt u het deeg uit tot het vel ongeveer 1,6 mm dik is.

c) Snijd de uitgerolde vellen in stukken van 15 cm en plaats ze op de bakplaten tot je ongeveer 20 vellen hebt. Werk in batches, laat de vellen in het kokende water vallen en kook tot ze net buigzaam zijn, ongeveer 1 minuut. Leg op keukenpapier en dep droog.

d) Om de roomsaus te maken, in een pan op middelhoog vuur, de boter, knoflook en bloem toevoegen om een roux te maken. Kook ongeveer 2 tot 3 minuten, of tot het een nootachtig aroma heeft. Voeg vervolgens de melk en Parmigiano-Reggiano toe en klop goed door elkaar. Breng op smaak met zout en versgemalen zwarte peper.

e) Besprenkel voor de vulling in een grote braadpan olijfolie en bak de worst bruin. Voeg dan de broccoli rabe en knoflook toe. Kook tot de broccoli rabe geslonken is en breng op smaak met gemalen rode peper, zout en versgemalen zwarte peper. Laat het afkoelen. Meng in een grote kom de worst en broccoli rabe met de ricotta en geraspte Parmigiano-Reggiano.

f) Om de saus in elkaar te zetten, plaats je de saus op de bodem van een ovenschaal van 9 × 13 inch (22,9 × 33 cm). Leg met het pastavel in de lengte ongeveer 3 eetlepels (45 g) vulling op de rand die het dichtst bij je is.

g) Rol de pasta voorzichtig van je af, zodat de vulling erin zit. Leg de gevulde cannelloni in een enkele laag in de ovenschaal. Schenk nog wat saus over de cannelloni en bestrooi met geraspte Parmigiano-Reggiano.

h) Zet de cannelloni in de oven en bak ongeveer 45 minuten. Garneer met basilicum.

69. Timballo

DIENT 6-8

Ingrediënten
- Ei Deeg

- 3 eieren

- 1 kop (180 g) geraspte Parmigiano-Reggiano

- 1 bosje Italiaanse bladpeterselie

- 3 kopjes (681 g) ricotta kaas

- 1 kop (227 g) hete of zoete soppressata

- 1 ei, losgeklopt

Routebeschrijving

a) Verwarm de oven voor op 177 ° C (350 ° F) en breng een grote pan gezouten water aan de kook.

b) Bestuif twee bakplaten met griesmeel. Om de pasta te maken, rolt u het deeg uit tot het vel ongeveer 1,6 mm dik is.

c) Snijd de uitgerolde vellen in secties van 30 cm en plaats ze op de bakplaten tot u ongeveer 10 vellen hebt.

d) Werk in batches, laat de vellen in het kokende water vallen en kook tot ze net buigzaam zijn, ongeveer 1 minuut.

e) Leg op keukenpapier en dep droog. Leg in een licht geoliede 9-inch (22,9-cm) springvorm de gekookte pastavellen neer, overlappend met elkaar en zorg ervoor dat de pan volledig bedekt is. Pasta moet lang genoeg zijn om over de zijkanten van de pan te hangen.

f) Meng in een grote mengkom de eieren, geraspte Parmigiano-Reggiano, peterselie, ricotta en soppressata. Plaats de vulling in de met pasta beklede pan en begin de vulling stukje bij beetje te bedekken met de hangende pastavellen. Bestrijk de bovenkant van de pasta met eierwas en plaats in de oven. Kook gedurende 1 uur.

g) Laat het ongeveer 10 minuten afkoelen voordat je het aansnijdt en serveert.

PASTA SAUZEN

70. Citroen Pastasaus

Porties: 4

Ingrediënten

- 4 eetlepels boter

- 1 kop zware slagroom

- 1 Eetlepel vers citroensap

- 1 theelepel citroenschil

- 1 theelepel geraspte limoenschil

- 1 kop runderbouillon

- 10 ons ongekookte pasta

Routebeschrijving

a) Voeg de boter, room en runderbouillon of misschien bouillon toe aan een goede sauspan of braadpan die groot genoeg is om de pasta te dragen als deze klaar is en laat het op kanaalverwarming sudderen tot het met ongeveer 50% is verminderd. Doe het citroensap, de citroen- en limoenschil erbij en bewaar.

b) Breng een flinke pan lichtgezouten water aan de kook. Doe de pasta en bereid het voedsel voor 8 tot tien minuten of tot ze al dente zijn; droogleggen. Gooi pasta met saus; dienen.

71. Zwarte pasta in gorgonzolasaus

Porties: 6

Ingrediënten

- 1 (16-ounce) zwarte inktvisinktpasta
- 1/4 kopje extra vierge olijfolie
- 3 elke sjalot, fijngehakt
- 5 teentjes knoflook, fijngehakt
- 1 kopje witte wijn
- 1 kop kippenbouillon
- 8 ons gorgonzola-kaas, verkruimeld
- 1 (6-ounce) blik tomatenpuree
- 5 (1/2 ounce) plakjes prosciutto, in blokjes gesneden
- zout en versgemalen zwarte peper
- 1/4 kop geraspte Parmezaanse kaas
- 6 blaadjes verse basilicum, in dunne reepjes gesneden

Routebeschrijving

a) Breng een grote pan met licht gezouten water goed aan de kook. Leg de pasta en

bereid het eten voor 8 tot tien minuten of tot ze al dente zijn; droogleggen.
b) Verhit de olie in een grote koekenpan op middelhoog vuur. Fruit de sjalotten en knoflook tot ze licht goudbruin zijn.
c) Schenk de wijn- en gevogeltebouillon erbij. Breng aan de kook en meng de gorgonzola erdoor. Doe tomatenpuree en prosciutto; aan de kook komen. Meng de helft en de helft, zet het vuur lager en laat vijf minuten sudderen. Breng op smaak met peper en zout. Doe de pasta en gooi om gelijkmatig te coaten.
d) Maak totdat de pasta normaal is verwarmd. Breng over naar een serveerschaal en garneer met Parmezaanse kaas en basilicum.

72. Hartige Courgette Pastasaus

Porties: 6
Ingrediënten

- 1/2 -pond rundergehakt mager rundergehakt

- 2 kleine courgettes gesneden

- 1 ui gesnipperd

- 3 teentjes knoflook fijngehakt

- 1 blik geplette tomaten (28 ounce) geplette tomaten

- 1 blik tomatensaus (15 ounce) tomatensaus

- 2 eetlepels sucanat (gekristalliseerd suikerrietsap) of naar smaak

- 1 eetlepel basilicum gedroogde basilicum

- 1 theelepel zout zeezout

- 1 theelepel oregano gedroogde oregano

- 1/4 theelepel zwarte peper gemalen zwarte peper

- 1 pakje spaghetti (16 ounce) volkoren spaghetti

- 1 -gallon water
- 1 eetlepel zout

Routebeschrijving
a) Verhit een enorme koekenpan op middelhoog vuur. Kook en roer rundvlees, courgette, ui en knoflook in de warme koekenpan tot het rundvlees meestal bruin en kruimelig is, 5 tot 7 minuten; uitlekken en vet weggooien.
b) Meng geplette tomaten, tomatensaus, sucanat, basilicum, zeezout, oregano en donkere peper door de rundvleescombinatie. Breng aan de kook, zet het vuur laag en laat sudderen tot de smaken gemengd zijn, minimaal dertig minuten of maximaal een uur voor een betere smaak.
c) Terwijl de saus suddert, breng je gezouten drinkwater goed aan de kook en maak je spaghetti volgens de richtlijnen van de bundel.
d) Serveer de saus over warme pasta.

73. Ansjovis-olijf pastasaus

Porties: 5
Ingrediënten

- 4 eetlepels olijfolie
- (2-ounce) blik ansjovis verpakt in olie, ongedraineerd
- teentjes knoflook, gehakt
- 1 middelgrote ui, fijngehakt
- 1 (4 1/4 - ounce) blik gehakte zwarte olijven, uitgelekt
- 20 groene olijven, in plakjes
- 2 theelepels kappertjes, uitgelekt
- 1 theelepel gedroogde basilicum
- 2 theelepels Italiaanse kruiden
- 1/2 theelepel zwarte peper
- 1 (16-ounce) blik tomaat
- 1 (6-ounce) blik tomatenpuree
- 3/4 kop water
- 1/2 kopje marsala
- 1/2 theelepel rode pepervlokken

Routebeschrijving
a) Voeg in een middelgrote pan essentiële olijfolie en ansjovis toe.
b) Kook op middelhoog vuur, roer om ansjovis te pureren, drie tot vijf 5 minuten.
c) Doe knoflook en ui en kook tot ze zacht zijn, ongeveer vijf minuten.
d) Roer de resterende elementen erdoor en laat het kwartier onafgedekt sudderen.

74. Zwarte Olijven Pastasaus

Porties: 6

Ingrediënten
- 2 2/5 teentjes knoflook (geplet en fijngehakt)
- 1 1/5 theelepel verse chilipeper
- 150 ml olie
- 270 g pruimtomaten
- 1 1/5 snufje zout en peper
- 1 1/5 eetlepel kappertjes
- 120 g zwarte olijven (ontpit en gehalveerd)
- 1 1/5 eetlepel peterselie (gehakt)

Routebeschrijving
a) Verhit de olie in een diepe pan, voeg de knoflook en chili toe en kook op middelhoog vuur tot ze zeker goudbruin zijn.
b) Schil de tomaten en hak ze grof, doe ze in de pan en breng op smaak met zout en peper, en laat ongeveer 20 minuten op een minimale temperatuur draaien of voordat de saus dikker wordt.
c) Voeg voor het serveren de kappertjes, olijven en peterselie toe.
d) Serveer met gekookte pasta.

74. Kip & Pasta Mangosaus

Porties: 4

Ingrediënten

- 8 ons ongekookte rigatoni pasta

- 1 eetlepel olijfolie, verdeeld

- 1 borsthelft, bot en vel verwijderd (blank)s zonder vel, zonder been kippenborsten helften - in blokjes gesneden 1 ui, in ringen gesneden en gescheiden in ringen

- 1 groene paprika, in dunne reepjes gesneden

- 3 teentjes knoflook, fijngehakt

- 1 theelepel verse gember, fijngehakt

- 1 mango - geschild, gezaaid en in stukjes gesneden

- 1 kop zware room

- 1 theelepel zout en peper naar smaak

- 1 eetlepel geraspte Parmezaanse kaas

- 4 takjes verse peterselie, voor garnering

Routebeschrijving

a) Breng een grote pan lichtgezouten drinkwater aan de kook. Doe de rigatoni-pasta in de pan, kook ze 8 minuten tot ze bijna gaar is en giet ze af.
b) Verhit 1/2 van de essentiële olijfolie in een grote koekenpan op middelmatige temperatuur. Leg de kip in de pan en kook tien
c) minuten, of totdat de sappen helder zijn. Haal van temperatuur en zet apart.
d) Verhit de rest van de olijfolie in de pan en bak de ui en groene paprika tot ze zacht zijn. Combineer de knoflook, gember en mango erdoor en blijf gestaag koken en mix vijf minuten, of tot de mango absoluut zacht is. Meng geleidelijk de grote room in de pan en neem vijf minuten, tot het ingedikt is.
e) Doe de kip terug in de pan. Meng de gedeeltelijk bereide pasta erdoor en breng op smaak met zout en peper. Maak en meng 2 minuten, tot de materialen goed gemengd zijn en de pasta normaal al dente is. Het mengsel in de kaas. Garneer met peterselie om te voorzien.

75. Broccoli Pastasaus

Porties: 5

Ingrediënten

- 1 pond broccoli, julienne gesneden
- 2/3 kop fijngehakte lente-uitjes
- 1/3 kopje boter
- 1 kopje half en half
- 1 theelepel gedroogde basilicum
- 1 teen knoflook, geperst tot een pasta
- 1/2 kopje Parmezaanse kaas
- 1/2 kopje gorgonzola, in kleine blokjes gesneden
- 1 snufje cayenne
- 1 pond linguine, al dente gekookt
- 1/3 kop fijngehakte walnoten, licht geroosterd

Routebeschrijving

a) Kook broccoli in kokend, gezouten drinkwater 3-4 minuten of tot ze gaar zijn.

b) Giet af en verfris onder koud, stromend drinkwater en dep droog.

c) Kook lente-uitjes gevonden in boter tot ze zacht zijn; zet room, basilicum en knoflook; sudderen, roeren.

d) Voeg kaas toe en mix tot alles goed gemengd is.

e) Roer gevonden in broccoli en cayennepeper en zout en peper naar smaak en laat het doorwarmen.
f) Serveer de saus over de linguine en bestrooi met geroosterde walnoten.

76. Basis Pastasaus

Porties: 5

Ingrediënten

- 1 (14 1/2-16 ounce) blik gehakte tomaat
- 1 (6-ounce) blik tomatenpuree
- 1 runderbouillonblokje of
  1 kippenbouillonblokje
- 1/2 eetlepel Italiaanse kruiden
- 1 fijngehakt teentje knoflook
- 1/2 eetlepel olijfolie
- 1/2 eetlepel geraspte Parmezaanse kaas
- 1 scheutje peper
- 1/8 theelepel rode pepervlokken

Routebeschrijving

a) In een middelgrote pan, sauteer knoflook in etherische olijfolie, indien gewenst. Als u ervoor kiest om dit zeker niet te doen, gaat u verder met stap twee 2.

b) Combineer alle ingrediënten behalve de karmozijnrode pepervlokken. Laat op middelhoog vuur sudderen tot de saus kookt; prak tomaten tijdens het sudderen. Laat sudderen tot het de gewenste consistentie heeft (dit duurt langer zonder tomatenpuree).

c) Voeg in de laatste 5 minuten van het koken karmozijnrode pepervlokken toe.
d) Serveer over de meest gewenste pasta of vries in.

77. Makkelijke zelfgemaakte pastasaus

Porties: 5

Ingrediënten

- 2 theelepels olijfolie

- 1 middelgrote ui, gesnipperd

- 2 eetlepels knoflook, gehakt

- 2 (15-ounce) blikjes tomatensaus (kan een van de blikken vervangen door geplette of gestoofde tomaten als je van stukjes tomaten houdt)

- 1 (6-ounce) blik tomatenpuree

- 1 theelepel gedroogde oregano

- 1 theelepel gedroogde rozemarijn

- 1/2 theelepel gemalen rode pepervlokken (kan worden weggelaten als je dat liever hebt)

- 3/4 theelepel zout

- 1/4 theelepel peper

- 1 theelepel suiker

Routebeschrijving

a) Verhit essentiële olijfolie in een koekenpan op middelhoog vuur.
b) Doe de ui en bak tot ze zacht zijn. Doe knoflook en bak nog een minuut.
c) Roer vind je in tomatenproducten, oregano, rozemarijn, gemalen rode peper, zout en peper. Stijl saus en voeg indien gewenst glucose toe.
d) Breng aan de kook, zet het vuur lager en laat ongeveer 10 minuten sudderen, tot het echt een beetje dikker wordt. Gebruik naar wens.

78. Citrusachtige Pastasaus

Porties: 8
Ingrediënten

- 9 3/5 grote rijpe tomaten, in vieren gedeeld, zonder klokhuis en in stukjes gesneden

- 3 1/5 2 -4 eetlepels olijfolie

- 6 2/5 teentjes knoflook, gepeld, fijngehakt

- 4/5 kop gewassen, gedroogde basilicumblaadjes met steel, fijngehakt

- 2/5 kop Italiaanse peterselie, gewassen en gehakt

- 16 verse olijven, ontpit en gehakt (groen of zwart)

- 2/5 kop kappertjes

- 3 1/5 eetlepels balsamicoazijn

- 1 3/5 theelepel geraspte sinaasappelschil of 1 theelepel citroenschil zout en versgemalen zwarte peper Parmezaanse kaas, om over de afgewerkte pasta te strooien

Routebeschrijving
a) Combineer alle ingrediënten (behalve kaas) in een kom en gooi om te combineren.
b) Kook pasta, meng met saus, bestrooi met kaas.

79. Pizza en Pastasaus

Porties: 5

Ingrediënten

- 1 (29-ounce) blik tomatenpuree
- 12 ons bier
- 2 eetlepels witte suiker
- 1 1/2 theelepels knoflookpoeder
- 1 1/2 theelepels gedroogde basilicum
- 1 1/2 theelepels gedroogde oregano
- 1 theelepel zout

Routebeschrijving

a) Combineer alle ingrediënten gevonden in een pan.
b) Breng aan de kook meer dan middelhoog vuur.
c) Zet het vuur laag tot medium-laag en laat dertig minuten sudderen.

80. Authentieke Varkensvlees Pastasaus

Porties: 5
Ingrediënten

- 2 eetlepels olijfolie

- 2 pond varkensspareribs, gehalveerd of in drieën gesneden, afhankelijk van de grootte

- 1 middelgrote ui, fijngesnipperd

- 2 teentjes knoflook, gehakt

- 1 (28-ounce) blik pruimtomaat

- 1 (6-ounce) blik tomatenpuree

- 6 ons water

- 1 theelepel zout

- 1/2 theelepel peper

- 1/4 theelepel droge oregano

- 1/2 theelepel knoflookpoeder

- 1 1/2 theelepels venkelzaad

Routebeschrijving
a) Bruine ribben op olie.

b) Haal de ribben uit de etherische olie en fruit de uien en knoflook tot ze transparant zijn.
c) Voeg tomaten en drinkwater toe.
d) Verhoog het vuur en laat de saus koken, af en toe mengen zodat de bodem niet aanbrandt.
e) Zet het vuur lager en laat het 2 uur onafgedekt sudderen tot het vlees zeker van de botten valt.

81. 30 minuten pastasaus

Porties: 5

Ingrediënten

- 1/4 kopje olijfolie

- 1 snufje rode pepervlokken

- 1 snufje venkelzaad (optioneel)

- 6 -10 teentjes knoflook, fijngehakt

- 1 (28-ounce) blik tomaat, met het sap, gehakt (ik doe het met een schaar)

- 2 theelepels gedroogde basilicum

- 2 theelepels gedroogde marjolein

- 1 theelepel gedroogde oregano

- 1 snufje zout

Routebeschrijving

a) Verhit de olie in een enorme koekenpan.
b) Doe de peper, venkel en knoflook erbij en fruit even kort voordat de knoflook goudbruin is (niet echt bruin!).
c) Doe de tomaten met hun sap, de kruiden en het zout.

d) Roer om te mengen, breng aan de kook, draai het vuur laag en kook, onafgedekt, ongeveer 20 minuten.
e) Meng met gekookte pasta en serveer.

82. Wortel Pastasaus

Porties: 5

Ingrediënten
- 1 kleine witte ui
- 1 wortel, fijn geraspt ongeveer een kopje
- 1 1/2 eetlepels tamari-sojasaus of 1 1/2 eetlepels sojasaus
- 3 eetlepels extra vierge olijfolie
- 2 eetlepels Parmezaanse kaas
- 1 eetlepel verse peterselie, voor de topping
- 1 eetlepel geroosterd zonnebloemzaad
- 8 ons penne (of pasta naar keuze)

Routebeschrijving

a) Snijd de uien goed en bak ze ongeveer tien minuten in een koekenpan met de essentiële olie. Doe de geraspte wortelen erbij en laat nog 5-8 minuten koken door je sojasaus en een paar eetlepels pastawater toe te voegen om de saus voorzichtig vochtig te houden. Als je klaar bent, pureer je de saus in een handpalmblender en plaats je hem terug in de pan.

b) Kook de pasta voorlopig zoals aangegeven en bewaar voor het afgieten een paar

lepels van het water. Doe de pasta in de pan en roer tot alles goed gemengd is.
c) Serveer de pasta met zonnebloempitten, peterselie, Parmezaanse kaas en een scheutje etherische olijfolie.

83. Artisjok Spinazie Pastasaus

Porties: 8

Ingrediënten

- 1/2 (13,5 ounce) kan gehakte spinazie
- 1 (16-ounce) pot Alfredo-saus
- 1 (14-ounce) blik artisjokharten, uitgelekt en gehakt
- 1/2 kop geraspte mozzarella kaas
- 1/3 kop geraspte Parmezaanse kaas
- 1/4 (8-ounce) pakket roomkaas, verzacht
- 2 teentjes knoflook, gesnipperd
- 1 Roma tomaat, in blokjes gesneden
- 1/2 kopje water

Routebeschrijving

a) Snijd de spinazie in blokjes in de keukenmachine.
b) Klop spinazie, Alfredo-saus, artisjokharten, mozzarella, Parmezaanse kaas, roomkaas, knoflook en tomaat in een pot.

84. Squash Pastasaus

Porties: 4

Ingrediënten

- 2 kopjes pompoenpompoen, in blokjes
- 1 eetlepel olijfolie olijfolie
- 1 eetlepel boter
- 1/3 kopje ui fijngehakt
- 3 teentjes knoflook fijngehakt
- 1/3 appel geschild en in stukjes
- 1 kop kippenbouillon kippenbouillon
- 1/3 kopje melk
- 1/3 kopje kaas Italiaanse kaasmelange (Parmezaanse kaas Asiago en Romano)
- 1 snufje zwarte peper zout en gemalen zwarte peper naar smaak

Routebeschrijving

a) Doe de pompoen in een pan, bedek met water en breng aan de kook.

b) Laat de pompoen sudderen tot hij extreem zacht is, 15 tot 20 minuten. Overtollig drinkwater aftappen. Bereide pompoen moet gelijk zijn aan 2 kopjes.

c) Verhit essentiële olijfolie en boter in een goede koekenpan op middelhoog-lage temperatuur, en maak de ui, knoflook en appel, onder regelmatig roeren, tot ze zacht en bruin zijn, ongeveer een kwartier.

d) Doe de butternutpompoen en de gevogeltebouillon en breng aan de kook op middelhoge temperatuur. Zet het vuur laag tot het kookt en meng de melk en kaasmix erdoor.

e) Roer voordat de kaas gesmolten is en de saus al de gewenste dikte heeft bereikt, 5 tot tien minuten.

85. Paddenstoelen Pastasaus

Porties: 5

Ingrediënten

- 1/3 kopje olijfolie (of gebruik genoeg saus om de bodem van je koekenpan te bedekken)

- 3 theelepels gedroogde basilicum

- 3 theelepels oregano

- 1 -2 theelepel gedroogde chilipepervlokken (of naar smaak)

- 1 groot laurierblad

- 1 middelgrote ui, fijngesnipperd

- 6 teentjes knoflook, fijngehakte eetlepels (of naar smaak, ik hou van veel knoflook!)

- 1 (6-ounce) blik tomatenpuree

- 1 pond mager rundergehakt

- 1/2 lb Italiaanse worst, omhulsels verwijderd

- 1/2 kopje droge rode wijn

- 1 (28-ounce) blik geplette tomaat

- 1 (8-ounce) blik tomatensaus

- 1 1/2 kopjes runderbouillon van goede kwaliteit

- Champignons van 3/4 pond (of gebruik een paar blikken hele uitgelekte champignons, maar vers is beter!)

- 1 -2 theelepel witte suiker

- 1 eetlepel Worcestershire-saus (of naar smaak)

- 1 eetlepel zout (of om een goede tomatensaus te proeven veel zout nodig)

- 1 theelepel versgemalen zwarte peper vers geraspte Parmezaanse kaas

Routebeschrijving
a) Verhit olie in een Nederlandse oven, voeg daarna de basilicum, oregano, chilivlokken, laurier en ui toe; sauteer, roer met een houten lepel gedurende ongeveer 4 minuten (hierdoor komen de smaken in de kruiden vrij).
b) Voeg knoflook toe en bereid 2 minuten voor.

c) Voeg tomatenpuree toe en roer 2 minuten met een houten lepel.
d) Voeg rundergehakt en worstvlees toe; kook tot ze goed bruin zijn (ongeveer tien minuten) en laat al het vet weglopen.
e) Voeg de wijn toe en laat 2-3 minuten sudderen, al roerend.
f) Voeg geplette tomaten, tomatensaus, runderbouillon, champignons, suiker, 2 eetlepels zout, Worcestershiresaus toe; breng aan de kook, verlaag de temperatuur en laat ongeveer 2 uur gedeeltelijk beschermd sudderen (of u kunt langer op lage temperatuur sudderen).
g) Kruid met zwarte peper.
h) Haal het laurierblaadje weg en schenk over de hete bereide pasta en bestrooi met veel geraspte Parmezaanse kaas.

i) Pasta Primaverasaus

Porties: 5
Ingrediënten

- 1 (14 1/2 - ounce) blik tomatenblokjes
- 1 (6-ounce) blik tomatenpuree
- 3/4 kop verse broccoliroosjes
- 3/4 kop dun gesneden wortel
- 3/4 kop gesneden ui
- 1/2 kop courgette, in stukjes gesneden
- 1/2 kop gesneden groene paprika
- 1/2 kop rode paprika, in plakjes
- 2 teentjes knoflook, gesnipperd
- 2 laurierblaadjes
- 1 eetlepel olijfolie
- 1/2 theelepel gedroogde basilicum
- 1/2 theelepel gedroogde rozemarijn
- 1/2 theelepel gedroogde oregano
- 1/2 theelepel gedroogde tijm
- 1 1/2 theelepels zout

- 1/4 theelepel gemalen zwarte peper
- 1 theelepel witte suiker
- 1/2 kopje water

Routebeschrijving
a) Combineer alle ingrediënten in een enorme pot, allemaal tegelijk!
b) Verwarm tot alleen kokend, dek af en verlaag de temperatuur om te laten sudderen.
c) Kook tot alle groenten gaar zijn, ongeveer 45 minuten.
d) Roer af en toe.
e) Serveer met gekookte pasta naar keuze!

86. Klassieke Alfredo-saus

Porties: 2

Ingrediënten

- 3 eetlepels boter

- 8 vloeibare ounces zware slagroom

- zout naar smaak

- 1 snufje gemalen nootmuskaat

- 1/4 kop geraspte Parmezaanse kaas

- 1/4 kop geraspte Romano-kaas

- 1 eigeel

- 2 eetlepels geraspte Parmezaanse kaas

Routebeschrijving

a) Smelt boter of margarine in een goede pan op middelhoge temperatuur. Doe zware room, onder voortdurend roeren. Meng zout, nootmuskaat, geraspte Parmezaanse kaas en geraspte Romano-kaas.

b) Meng constant tot het gesmolten is, combineer in dat geval met eigeel.

c) Sudderen op middelhoog lage hoge temperatuur gedurende drie tot vijf minuten.

d) Garneer eventueel met nog wat geraspte Parmezaanse kaas.

87. Kip en Pastasaus

Porties: 5

Ingrediënten
- 3 eetlepels boter of 3 eetlepels olijfolie
- 4 kipfilets, gespleten, ontveld en ontbeend
- 2 eetlepels bloem
- 1 kop kippenbouillon
- 1/2 kopje half en half
- 2 eetlepels Dijon-mosterd
- 2 tomaten, in partjes gesneden of 2 tomaten uit blik, uitgelekt
- 2 eetlepels gehakte verse peterselie
- 1 kop bevroren erwten
- 2 eetlepels kappertjes uit blik

Routebeschrijving
a) Smelt boter of etherische olijfolie in een grote koekenpan.
b) Combineer kipfilets en kook tot ze klaar en lichtbruin zijn, ongeveer 20 minuten.
c) Schep het gevogelte op een mooie serveerschaal.
d) Meng bloem in pan drippings gevonden in een koekenpan, kook gedurende 1 minuut.

e) Voeg de gevoeltebouillon toe, de helft en de andere helft.
f) Roer en kook voordat de saus dikker wordt en gaat bubbelen, voeg mosterd, kappertjes en bevroren erwten toe.
g) Doe het gevogelte terug in de pan, ga eroverheen en verwarm gedurende tien minuten.
h) Garneer met tomaten en bestrooi met peterselie.
i) We serveren meestal met tortellini of misschien andere pasta en gaan over met extra Dijon-saus.

88. Kokos, Pompoen Pastasaus

Porties: 5
Ingrediënten
- 1 eetlepel plantaardige olie
- 1 ui
- 1 eetlepel verse gember
- 500 g pompoenen, in blokjes
- 100 ml kippenbouillon
- 1 410 blik 1 (410 ml) kokosroom
- zout en peper

Routebeschrijving
a) Snipper de ui en hak de gember fijn.
b) Verhit de olie en fruit de ui en gember zonder ze bruin te maken.
c) Doe de pompoen erbij en mix 2 minuten.
d) Doe voldoende water om gewoon over de pompoen te gaan en het eten klaar te maken voordat de pompoen zacht is.
e) Doe de kokosroom en inventaris erbij en roer goed door.
f) Gebruik een blender of vorm en mix tot een gladde massa.

89. Olijfolie & Rode Pepersaus

Porties: 6

Ingrediënten

- 3/5 kopje extra vierge olijfolie

- 3 3/5 teentjes knoflook, fijngehakt

- 3/10 kopje pasta kookwater

- 3/5 theelepel gemalen rode pepervlokken

- 1 1/2 theelepels koosjer zout

- 1 1/5 kop verse platte peterselie, grof gehakt

Routebeschrijving

a) Verhit de olie in een grote pan op middelhoog vuur. Doe de knoflook erin en laat 30 seconden roeren, zorg ervoor dat deze over het algemeen niet bruin wordt.

b) Doe het pastawater, de rode peper, het zout en de peterselie erbij en breng aan de kook.

c) Gooi met gekookte pasta.

90. Huisgemaakte Pastasaus

Porties: 5
Ingrediënten
- 1 middelgrote ui
- 2 teentjes knoflook
- 1 eetlepel plantaardige olie (optioneel)
- 1 pond rundergehakt
- 1 grote wortel
- 1 grote courgette
- 1 peper
- 2 kopjes in vieren gesneden champignons (optioneel)
- 1/2 theelepel zout
- 1 theelepel basilicum
- 1 theelepel oregano
- 4 kopjes geplette tomaten
- 2 eetlepels tomatenpuree
- 1 eetlepel tabascosaus (optioneel)

Routebeschrijving

a) Zet een flinke pan gezouten normaal water aan de kook en maak de benodigde hoeveelheid pasta.
b) Pel en snipper intussen de ui en knoflook.
c) Schil en rasp de wortel; rasp de courgette.
d) Bereid de champignons en peper indien nodig.
e) Doe het vlees in een buitengewoon grote koekenpan, met de etherische olie als het vlees vrij mager is, en bak het in kleine stukjes, tot het bruin is.
f) Als het half is gedaan, voeg je de ui toe en ga je verder met de voedselbereiding totdat er geen rood meer in het vlees zit en de ui doorschijnend is.
g) Roer de knoflook een minuut door het vlees en vermeerder dan de geraspte wortel en courgette, en de peper en champignons indien gebruikt. Goed mengen.
h) Ga door met koken en roer regelmatig een paar minuten voordat de groenten delicaat zijn. Breng op smaak met zout, basilicum en oregano.

i) Mix gevonden in de geplette tomaten en de tomatenpuree.
j) Zet het vuur lager en laat sudderen tot alles goed gemengd is.
k) Mix gevonden in de Tabasco-saus en serveer boven hete pasta.

91. Rundvlees Lo Mein

Porties: 4
Ingrediënten
- 1 (8-ounce) pakket spaghetti
- 1 theelepel donkere sesamolie
- 1 eetlepel arachideolie
- 4 teentjes knoflook, fijngehakt
- 1 eetlepel gehakte verse gemberwortel
- 4 kopjes gemengde groenten
- 1-pond zijsteak, in dunne plakjes gesneden
- 3 eetlepels natriumarme sojasaus
- 2 eetlepels bruine suiker
- 1 eetlepel oestersaus
- 1 eetlepel Aziatische Chilipasta met knoflook

Routebeschrijving
a) Breng een flinke pan met licht gezouten normaal water aan de kook. Maak spaghetti in het kokende normale water tot het gaar is maar de organisatie aan

de beet, ongeveer 12 minuten; uitlekken en overbrengen naar een grote kom. Sprenkel sesamolie over de spaghetti; gooi om te coaten. Plaats een bord bovenop de kom om de noedels voorzichtig warm te houden.

b) Verhit essentiële pindaolie in een wok of misschien een grote koekenpan op middelhoog vuur. Kook en meng knoflook en gember in brandende olie tot ze geurig zijn, ongeveer 30 seconden. Voeg gemengde groenten en fruit toe aan de koekenpan; maak en roer tot een beetje mals, ongeveer drie minuten. Meng zijsteak door het groentemengsel; maak en roer voordat het vlees gaar is, ongeveer vijf minuten.

c) Meng sojasaus, bruine suiker, oestersaus en Chili-pasta samen in een kleine kom; giet over de spaghetti. Schep de spaghetti-saus-combinatie in de wok met het fruit en de groenten en de biefstuk; maak en roer voordat de spaghetti heet is, 2-3 3 minuten.

92. Eenpanspasta Puttanesca

Porties: 6

Ingrediënten

- 1 (24-ounce) pot stevige traditionele saus

- 2 kopjes water

- 1 (8-ounce) pakket ongekookte spaghetti

- 1 (14-ounce) blik artisjokharten in vieren

- 4 ons ontpitte en gehalveerde zwarte kalamata-olijven

- 2 eetlepels kappertjes

- 3 teentjes knoflook, fijngehakt

- 1 kopje gehalveerde druiventomaat

- 2 theelepels gemalen rode peper

- 2 eetlepels gehakte verse peterselie

Routebeschrijving

a) Combineer saus en water in een grote pan. Breek de spaghetti in tweeën (indien gewenst) en doe deze in de pan. Breng aan de kook, vaak roerend.

b) Roer vind je in artisjokharten, kalamata-olijven, kappertjes, knoflook, druiventomaten, geplette karmozijnrode pepervlokken en peterselie. Verlaag de hoge temperatuur tot medium-laag, ga eroverheen en laat sudderen tot de pasta zeker gaar is tot de gewenste malsheid, 8 tot tien minuten, onder regelmatig roeren.

c) Haal van het vuur en serveer warm. Garneer eventueel met nog wat verse peterselie en roodgekleurde peper.

93. Kip Pastasaus

Porties: 5

Ingrediënten

- 2 pond frituurkippen (in stukken gesneden)

- 4 grote zoete rode paprika's (in reepjes gesneden)

- 2 middelgrote uien (dun gesneden)

- 1 (28-ounce) blik tomatenpuree

- 1 eetlepel canola-olie

- 2 eetlepels gedroogde basilicum

- 2 eetlepels gedroogde oregano

- 2 eetlepels Italiaanse peterselie (gehakt)

- 6 teentjes verse knoflook (dun gesneden)

- 2 theelepels zout

- 1/2 theelepel rode pepervlokken

Routebeschrijving

a) Was, snijd stukjes kip in stukken; dep droog met keukenpapier.

b) Kruid met 1 theelepel. zout; opzij zetten.

c) In een grote pan olie verhitten en ui en knoflook fruiten. Leg de stukken kip met de huid naar beneden en licht donkerbruin.

d) Voeg de heerlijke pepers, tomatenpuree, basilicum, oregano, peterselie, zout en pepervlokken toe.

e) Dek af en laat 1-1 / 2 uur op laag tot middelhoog vuur op de kookplaat sudderen.

f) In dit recept is het water afkomstig van de kookpaprika's en kip die de puree verdunt zonder extra vloeistof.

g) Als de saus echter ook dik wordt tijdens het koken, verhoog dan een half blikje normaal water (of wijn) met een klein beetje tegelijk totdat de consistentie normaal naar wens is.

94. Verse Vijgen & Prosciutto Saus

Porties: 4

Ingrediënten

- 2 eetlepels boter
- 2 eetlepels bloem voor alle doeleinden
- 1/2 theelepel zout
- 1 kopje melk
- 6 dunne plakjes prosciutto, in dunne reepjes gesneden
- 6 elke verse vijgen, zonder steel en in vieren
- 1 eetlepel citroenschil
- 1/4 theelepel citroenpeperkruiden, of naar smaak

Routebeschrijving

a) Verhit boter in een goede pan op laag vuur; meng de bloem gestaag door de gesmolten boter tot het glad en bruisend is, 2 tot 4 minuten. Voeg zout toe; mix om te mixen. Haal van het vuur; meng langzaam maar zeker de melk tot een gladde massa.

b) Breng lichte saus terug naar de kookplaat; aan de kook komen. Zet het vuur lager en laat op laag vuur sudderen.

c) Kook en meng prosciutto en vijgen in een pan met antiaanbaklaag op middelhoog vuur tot ze warm zijn, ongeveer vijf minuten. Meng citroenschil en citroenpeperkruiden door de helderwitte saus. Serveer vijgen en prosciutto bovenop saus.

95. Feta en Bacon Pastasaus

Porties: 4

Ingrediënten

- 8 sneetjes spek, fijngesneden

- 2 preien prei, gesneden

- 1 eetlepel boter

- 1/4 kop bloem voor alle doeleinden

- 2 kopjes melk

- 8 ons fetakaas, verkruimeld

- 1 snufje gemalen zwarte peper naar smaak

Routebeschrijving

a) Plaats spek gevonden in een grote koekenpan op middelhoge temperatuur. Bak een paar minuten, voeg dan de prei toe. Maak en mix tot het spek scherp is en de prei zacht is. Opzij zetten.

b) Smelt de boter in een goede pan op middelhoge temperatuur. Roer de bloem en de melk door elkaar en giet het vervolgens in de pan met de boter. Breng aan de kook en maak, onder regelmatig roeren, tot het ingedikt is.

c) Haal van het vuur en meng de fetakaas erdoor. Combineer met spek en prei, breng daarom op smaak met peper. Serveer over je gekozen pasta.

96. Pasta Amnesia

Porties: 4

Ingrediënten

- 2 (8-ounce) pakjes verse linguine pasta
- 1 kopje room
- 4 ons gerookte zalm, gehakt
- 1 snufje vers geraspte nootmuskaat
- 1 snufje gemalen zwarte peper, of naar smaak
- 1 1/2 eetlepels zwarte kaviaar
- 1 bosje gehakte platte peterselie

Routebeschrijving

a) Breng een grote pan met licht gezouten water aan de kook. Doe de pasta en bereid het voedsel al dente, ongeveer drie tot vier minuten. Droogleggen.

b) Plaats ondertussen de room in een kleine steelpan, op middelhoog vuur. Meng de gerookte zalm erdoor en breng eventueel op smaak met nootmuskaat en donkere peper. Meng regelmatig tot het ingedikt is.

c) Doe de uitgelekte pasta in een grote serveerschaal. Giet de roomsaus over de pasta en leg de kaviaar erop. Schud lichtjes tot een paar kaviaaraanbiedingen kapot zijn en de pasta wat kleurt.
d) Serveer direct met een toefje peterselie.

97. Pastasaus Met Pancetta

Porties: 5
Ingrediënten
- 6 eetlepels olijfolie
- 2 eetlepels ongezouten boter
- 2 ons pancetta of 2 ons bacon
- 3 uien, dun gesneden
- 1/2 theelepel rode pepervlokken
- 1 pond tomaat, ingeblikt
- 8 middelgrote verse basilicumblaadjes
- Parmezaanse kaas

Routebeschrijving
a) Plaats de essentiële olie en boter in een enorme koekenpan op middelmatige temperatuur; leg het spek en de uien.
b) Als de uien voorzichtig goudbruin beginnen te kleuren, voeg je de chilipeper, tomaten, basilicum en een snufje zout toe.
c) Maak de saus ongeveer 15 minuten voordat de smaken mooi bij elkaar komen.
d) Maak ondertussen de bucatini al dente.

e) Meng de pasta met de saus en bestrooi rijkelijk met kaas.

98. Groene Tomaten Pastasaus

Porties: 6

Ingrediënten

- 3/10 kopje extra vierge olijfolie

- 14 2/5 middelgrote groene tomaten, in plakjes gesneden

- koosjer zout

- grond zwarte peper

- 7 1/5 teentjes knoflook, fijngehakt

- 28 4/5 verse basilicumblaadjes

- 1 1/5 pond linguine

- 3/5 kopje Parmezaanse kaas, vers geraspt

Routebeschrijving

a) Verwarm de oven voor op 300F.
b) Spuit een enorme ondiepe ovenschaal in met essentiële olie voor het koken van voedsel. Leg de tomaten in de schaal en breng op smaak met peper en zout. Besprenkel met de olijf.
c) Bak onbedekt tot de tomaten relatief zacht worden, ongeveer 25 minuten.

d) Hak de knoflook en basilicum samen in een mini-foodprocessorchip. Strooi de knoflook/basilicum samen met de tomaten.
e) Dek af met folie en bak tot ze zacht en licht gekarameliseerd zijn, nog eens 25 minuten.
f) Haal uit de oven en doe in een keukenmachine of blender. Pulse meerdere keren, maar houd de saus grof. Wijd pan om op te warmen en indien gewenst gekookt gevogelte te plaatsen
g) Serveer meer dan warme gekookte pasta en het lekkerst met vers

99. Avocadosaus voor pasta

Opbrengst: 1 porties

Ingrediënt
- 1 ons Boter
- 2 tot 3 lente-uitjes, groene en witte delen, hak
- 1 theelepel geraspte sinaasappelschil
- 1 theelepel geraspte citroenschil
- ½ theelepel gemalen koriander
- 6 fluid ounce Oz Single (Light) Cream
- 3 eetlepels Naturel Yoghurt
- Zout en vers gemalen
- Zwarte peper -- naar smaak
- 2 tot 3 avocado's

Routebeschrijving

a) Smelt de boter in een pan, voeg de lente-uitjes toe en roerbak 1 minuut.

b) Voeg vervolgens sinaasappel- en citroenschil en koriander toe. Haal van het vuur terwijl je room en yoghurt maakt. Giet de room in een kleine kom en voeg yoghurt, zout en peper toe. Meng goed tot een gladde massa.

c) Schil, ontpit en hak avocado's (hoe groot je de stukjes hakt is persoonlijke voorkeur, maar we hakken ze meestal in blokjes van ongeveer $1\frac{1}{2}$ cm). Voeg de avocado toe aan de ingrediënten in de pan, giet het yoghurtmengsel erover en warm heel zachtjes door.
d) KOOK NIET, anders worden avocado's drassig en gaat de saus schiften. Giet over de pasta, schep om en serveer meteen.

100. Calcutta pastasaus

Opbrengst: 1 partij

Ingrediënt

- 2 eetlepels Boter
- 1½ eetlepel komijnzaad; verpletterd
- 1 eetlepel Paprika
- 3 teentjes knoflook; fijngehakt
- 2 eetlepels verse gemberwortel; fijngehakt
- 2 Jalapeño's; gezaaid en fijngehakt
- 3½ kop gehakte verse of ingeblikte tomaten
- 1 theelepel kardemom; grond
- ½ eetlepel Garam masala
- ½ kopje gewone yoghurt
- ½ kopje zware room
- ¼ kopje verse koriander; gehakt

Routebeschrijving

a) Sauteer komijn, paprika, knoflook, gemberwortel en jalapeños in boter tot ze goudbruin en geurig zijn, ongeveer 5 minuten. Voeg tomaten, kardemom en garam masala toe.

b) Laat zachtjes sudderen tot het ingedikt is, 30 tot 60 minuten.

c) Voeg yoghurt, eventueel room en koriander toe.
d) Doorwarmen, maar niet koken. Serveer over couscous of pasta.

CONCLUSIE

Met de hulp en begeleiding van deze gedetailleerde recepten, ontwikkel je een gevoel voor de consistentie van de pasta die je zoekt. Je kunt altijd een beetje extra water of een ei minder toevoegen als je deeg daarom vraagt. Je leert werken met je ogen en handen samen, ook zonder instructies. Als het deeg goed is, kun je de muis van je hand gebruiken om het op zichzelf te vouwen en te drukken, te vouwen en te drukken, tot het glad en gelijkmatig is!

www.ingramcontent.com/pod-product-compliance
Lightning Source LLC
Chambersburg PA
CBHW070457120526
44590CB00013B/667